LA
TACHE DE CAÏN

1

La Tache de Caïn.

CHEZ LE MÊME ÉDITEUR.

ROMANS DU CŒUR, par H. de Balzac, Léon Gozlan, Théophile Gautier, Alphonse Karr, Ch. Lassailly, etc. 2 v. in-8 . . . . . 15 fr. » c.

Par Frédéric Soulié.

THEATRE COMPLET, TRAGÉDIES, DRAMES, OPÉRAS. in-8.		
CONFESSION GENERALE, 4 vol. in-8	24	»
LE MAITRE D'ECOLE, 2 vol. in-8	16	»
L'HOMME DE LETTRES, 3 vol. in-8	22	50
DEUX SEJOURS, 2 vol. in-8	15	»
DIANE ET LOUISE, 2 vol. in-8	16	»
LE LION AMOUREUX, (faisant partie du *Foyer de l'Opéra*, deuxième partie.) 2 vol. in-8	15	»

Par H. de Balzac.

PIERRETTE LORRAIN, 2 vol. in-8	15	»
LE LIVRE DES DOULEURS, 5 vol. in-12	15	»
BÉATRIX, ou les AMOURS FORCÉS, 2 vol. in-8 . .	16	»
LE CABINET DES ANTIQUES, 2 vol. in-8	16	»
UN GRAND HOMME DE PROVINCE, } 3 vol. in-8. BERTHE LA REPENTIE, ... }	22	50
UNE FILLE D'EVE, 2 vol. in-8	16	»
LES CONTES DROLATIQUES, 5 vol. in-8	22	50
LA PRINCESSE PARISIENNE, (faisant partie du *Foyer de l'Opéra*,) 2 vol. in-8	15	«

* * * * * *

L'ISRAELITE, 2 vol. in-8	15	»
LE VICAIRE DES ARDENNES, 2 vol. in-8	15	»
DOM GIGADAS, 2 vol. in-8. (inédit)	15	»

Par Léon Gozlan.

UNE NUIT BLANCHE, 2 vol. in-8	15	»
UN NOUVEAU ROMAN, 2 vol. in-8	15	»

Par Alphonse Brot.

FOLLES AMOURS, 2 vol. in-8	15	
LA COMTESSE AUX TROIS GALANTS, 2 v. in-8.	15	»
LA CHASTE SUZANNE, 2 vol. in-8	15	»

Par Jules Lecomte.

BRAS DE FER, 2 vol. in-8	15	»
UNE JEUNESSE ORAGEUSE, 2 vol. in-8	15	»

Par Auguste Luchet.

LE NOM DE FAMILLE, 2 vol. in-8	15	»
FRERE ET SŒUR, 2 vol. in-8	15	
L'EVENTAIL D'IVOIRE, 2 vol. in-8	15	

Sceaux, Impr. E. Dépée.

LA
TACHE DE CAÏN

PAR

L. NOTTÉ DE VAUPLEUX.

1

PARIS,

HIPPOLYTE SOUVERAIN, ÉDITEUR

de F. Soulié, H. de Balzac, J. Lecomte, A. Brot, L. Gozlan, E. Souvestre.

Rue des Beaux-Arts, 5.

1841

LA TACHE DE CAÏN.

I.

Boleslas n'avait que dix-sept ans, mais l'abandon auquel avait été livrée son enfance, avait violemment développé toutes ses facultés et leur avait imposé un de ces appétits maladifs qui dévorent l'avenir en embryon et escomptent en dix ans toutes les phases de la vie humaine.

Aussi annonçait-il déjà une de ces âmes qui, tantôt s'élèvent par l'inspiration jusqu'au trône de Dieu, tantôt rampent dans les plus niaises lâchetés de l'amour-propre terrestre; une de ces âmes qui capables de tous les sacrifices, n'en accomplissent aucun à cause de l'infirmité de leur volonté qui, toujours endettée envers leur enthousiasme, entreprend sans cesse sur de trop vastes proportions et ne peut jamais remplir l'espace embrassé par un dévouement exagéré.

C'était un cruel destructeur qui après avoir, par abus d'émotions factices, confondu le cœur avec le cerveau, d'une part n'avait plus que des amours de tête et de l'autre qu'un jugement de prévention; un de ces êtres qui se fatiguent à rêver des haines absurdes, et épousent les querelles du genre humain pour dépasser à tout prix la sphère d'action que leur a assignée la fortune.

Se faisait-il, s'était-il fait ou devait-il se faire une guerre de force ou de pensée sur quelque coin ignoré de la terre, Boleslas se l'appropriait avec une fureur qu'il croyait être de la foi et il s'identifiait lui-même avec tous les fantômes de son hallucination. Le malheureux résumait aussitôt en lui seul toutes les tortures et toutes les joies collectives des masses. Il se faisait solidaire de leurs extravagances, et adoptait par pure inquiétude les triomphes et les revers de ce monde étranger. Il venait de tuer en duel son meilleur ami, pour lui prouver que les habitans d'Uranus sont d'une essence supérieure à celle des habitans de Vesta. Il s'était brouillé avec ses camarades, jeunes fous qui, au dessert d'un déjeûner de corps, s'étaient gravement déclarés kantistes et ennemis du philosophe Sniadecki, que lui, Boleslas, adorait sans l'avoir jamais lu. Sans ombre de croyance, il se faisait partout champion du catholicisme par opposition aux principes voltairiens alors à la mode parmi les beaux esprits de Varsovie; mais quand les généraux révolutionnaires se mirent à célébrer la messe devant le front de leurs bataillons respectueusement agenouillés sous les brises de l'aurore, il affecta une indécente incrédulité et cria au jésuitisme ! Pauvre enfant ! il n'avait que dix-sept ans.

Par suite de cette habitude, de mêler son cœur à toutes les causes publiques, Boleslas avait de bonne heure gaspillé les trésors de sa tendresse juvénile, et ne trouvait plus que des sympathies passagères pour ses véritables amis. Sa qualité de bâtard et d'orphelin avait peut-être beaucoup contribué aux bizarreries de son caractère. Enfant du vent et de la lumière, il n'avait eu sur qui former, sur qui épurer ses premières caresses ; il les avait prodiguées au bruit, à la fumée, à l'espace qui les lui avaient rendues en déception et en douleur. Élevé dans un couvent, puis dans une caserne, novice moine, novice voltigeur, chair banale pétrie par la verge et le tambour, l'enfant, dégoûté de la terre, s'était créé un univers pour lui seul ; un univers d'amours séraphiques et de colères africaines où s'était dépensée toute entière sa précoce énergie. Sorti trop jeune de l'école militaire de Kalisz, il avait vécu quelques mois à Varsovie entre les tortures du code martial et les tentations de cette charmante race de filles de café, de bains et de coulisse qui, de temps immémorial, a mis embargo sur les grosses épaulettes des garnisons étrangères. Simple sous-officier dans une compagnie d'élite du 5me de ligne, le pauvre enfant n'avait vu du monde réel qu'un petit coin mal balayé, mal éclairé, mal conçu. Il avait commencé sa carrière d'amours positifs par de graves folies. En deux mois, il avait aimé trois duchesses, trois starostines, cinq actrices, toutes les joueuses de harpe et un pensionnat de Françaises tout entier. Ce premier feu traversé, le pauvre sergent devint sérieusement fou de la duchesse de Lovicz et d'une jeune brune *employée* au café de *Hanusia*. Ce qu'il y avait d'effrayant, c'est qu'il les aimait toutes les deux également, sans confusion, sans hésitation, sans préférence, bien que d'un amour différent. La jeune fille l'aimait ; la duchesse ne le connaissait pas. La jeune fille était brune, ardente, abordable ; la duchesse, blonde, pâle, inaccessible. Quoique les rigueurs disciplinaires interdissent au sous-officier la fréquentation des lieux publics, il était parvenu à se mêler aux habitués du café où servait la jeune fille. Son amour s'aiguisa contre la jalousie. Au bout de trois jours, il s'aperçut qu'il avait un rival redoutable dans un cornette de la garde volhynienne, jeune élégant à la taille cambrée, à la moustache naissante, au sourire nonchalant. D'ailleurs, c'était un Russe, un sbire, un fat ; le moyen de ne pas le détester ?... Boleslas lui marcha sur le pied ; l'officier le fit mettre aux arrêts et lui fit donner un avis d'ami qui le fit frissonner jusqu'à la moelle des os ; on ne demande pas raison à un officier de la garde russe.

Boleslas attribua sa disgrâce à la jeune fille et l'appela en lui-même coquette et pis que cela. Il se rejeta sur la duchesse qu'il avait vue deux fois à l'église Saint-Alexandre. Il se demanda pourquoi en regardant la duchesse il voyait la fille brune, comme il s'était demandé pourquoi en regardant la fille brune il avait vu la duchesse. Le fait est qu'il les aimait et les voyait toujours ensemble, quoiqu'elles ne se ressemblassent nullement. — Explique cela qui pourra ; mais le pauvre enfant n'en souffrait pas moins.

Ses discussions métaphysiques l'ayant

brouillé avec ses camarades, ses distractions avec ses supérieurs, sa légèreté avec les femmes, son originalité avec tout le monde, il se trouva accablé de piqûres, de quolibets, de petites persécutions plus dangereuses que les grandes injustices, en ce qu'elles aigrissent et dessèchent l'âme au lieu de l'indigner.

Boleslas était bien fait, d'une jolie figure, adroit, gracieux, un peu faible pour son âge, d'un tempérament ardent, d'une santé facile à déranger, facile à rétablir. Lorsqu'il avait donné quelques soins à sa personne, cela faisait un charmant porte-enseigne ; mais les tracasseries du caporalisme kalisien lui avaient rendu odieuse toute coquetterie militaire, et arrivé au régiment, il jura une haine mortelle au cirage des gibernes et au vernissage des buffléteries. Il mettait même une sorte d'affectation dans sa négligence, et passa bientôt pour le plus triste sujet du régiment. Il n'en fallait pas tant pour se perdre dans l'opinion de ces fiers brosseurs du grand-duc Constantin, qui vous mettaient un homme aux fers pour une agrafe de moins, et vous faisaient passer par les verges d'une division au moindre murmure proféré contre l'autorité sacrée de Son Altesse.

Dans l'absence d'une âme qui pût comprendre et ramener dans son orbe cette étoile égarée, Boleslas commençait à s'abrutir. Il lui était tombé dans les mains un volume de Jean-Jacques, à la lecture duquel il avait renoncé à toute étude positive. Les douloureuses poésies de Mickiewicz firent dès-lors toutes ses délices; délices âcres comme l'ivresse de l'opium, énervantes comme la fascination de magnétisme. Il renonça à voir et la fille du café et la duchesse, ne trouvant plus ni l'une ni l'autre à la hauteur de ses rêves. L'une ne put soutenir la comparaison d'Aldona, l'autre celle de Marylla; il ne voulut pour lui-même ni du rôle de Wallenrod, ni de celui de Jas; il essaya de Gustave, du fou d'amour, du sublime aliéné, du vagabond pour lequel il n'y a ni place, ni épouse ici-bas. S'il ne trouva pas de véritable consolation dans les admirables drames du poète Lithuanien, au moins y puisa-t-il un immense orgueil, un superbe mépris de la matière qui le cuirassa contre les plaisanteries de ses camarades et les invectives de ses chefs. Malheureusement tout cela l'ennuya au bout de quinze jours.

Ses préoccupations continuelles, sa vie excentrique et surtout la mobilité de ses impressions, l'avaient jusques-là rendu indifférent à l'opinion publique, si tant est qu'il y ait une opinion publique pour un sous-officier d'infanterie. Il avait seulement cru remarquer plusieurs fois l'inquiète sollicitude du colonel à son égard, et il finit par s'étonner des soins jaloux et exagérés que lui prodiguaient quelques hommes influens au ministère de la guerre. En récapitulant un jour ses étourderies et ses négligences, il fut surpris de n'être pas aux fers ou au fond de la Sibérie. Un sous-officier qui n'ôtait point son bonnet de police à quinze pas d'une paire d'épaulettes ; un sous-officier qui montait la garde avec un fusil rouillé et des volumes de poésie révolutionnaire sous son plastron ; un sous officier qui avait marché sur le pied d'un officier russe, c'était inouï, révoltant, épouvantable, fabuleux.

De graves soupçons commencèrent à planer sur Boleslas. Tout misérable qu'il fût en réalité, les sergens à chevrons le trouvaient évidemment privilégié. Un vieil Allemand, qui avait trente ans de service et de la jalousie en proportion, prononça le premier le mot fatal d'*espion*, et le peu de repos dont avait joui Boleslas à la faveur de son obscurité fut dèslors empoisonné. On l'épia avec plus d'attention ; on remonta à la source des douteuses faveurs dont le fatiguait le colonel ; on remarqua qu'aux grandes revues de la place de Saxe, le grand-Duc s'arrêtait devant lui avec complaisance et l'honorait régulièrement d'une horrible grimace ou d'un grincement de dents. Les aides-de-camp de l'empereur lui pinçaient la joue et souriaient en passant à côté de lui. Le fameux Rozniecki le fit un jour inviter à dîner, et quoiqu'il ait refusé cette grâce flétrissante, tout le régiment l'accusa de *moscovisme* et de *mouchardise*. Boleslas, qui avait supporté toutes ses tortures romanesques avec un étrange courage, ne tint plus à cette injure. Il résolut de mourir en duel. Cette décision prise, il devint tranquille, léger, presque joyeux.

Il courut au café de Hanusia chercher des

témoins. En entrant, il vit Sosthénie (c'était le nom de la fille du café) le front appuyé sur l'épaule du cornette; elle fit semblant de ne point remarquer le sergent; elle pleurait. Boleslas se mit à siffler, fit le tour du billard en se déchirant la poitrine avec les ongles, et aperçut deux officiers invalides qui fumaient et vidaient à petites gorgées une soupière de bière bouillie et épicée. Un d'eux déchiffrait une gazette; l'autre, vieillard au regard doux, à la moustache rousse, suivait avec une sollicitude inquiète les gestes du jeune homme. Boleslas l'avait déjà vu quelque part, sans pouvoir se rappeler où et comment. Il passa à côté de lui sans le saluer, et entra dans la salle de jeu.

Autour d'une table ronde se pressait une foule de figures égarées, rayonnantes, horribles, inquiètes, rouges de colère, pâles de peur, suant l'impatience et l'épouvante. On jouait au Pharaon.

Banco! cria Boleslas, sans savoir ce qu'il disait. La presse s'écarta devant lui comme des farfadets de second ordre devant l'ombre de messire Twardowski, et il se trouva en face d'un monceau d'or et de billets. Il prit machinalement une carte dans le tas des parieurs et la glissa sous le trésor. Le banquier pâlit. Boleslas sifflait.

— Le valet a gagné ! cria une voix avinée. Un épouvantable hourra ébranla l'hôtel, et le banquier tomba raide mort sur le plancher. Boleslas avait gagné cinq mille ducats.

— Je ne vous savais pas ce défaut-là, lui dit une voix de fille qui glissa insensible à travers les hurlemens frénétiques des joueurs. Boleslas détourna la tête, mais la jeune fille avait disparu ; seulement l'officier invalide, debout derrière le sergent, secouait la tête avec tristesse.

— Vous aimez l'or, sergent... Ce n'est pas noble.

— Ma parole d'honneur, lieutenant, je n'y comprends rien. J'ai parié par distraction ; je n'ai pas un gros dans ma poche. Cet argent ne m'appartient pas ; je paie un punch pour ces messieurs au nom du défunt ; le reste revient à sa famille. Le maître du café est responsable de cette disposition. Quant à vous, mon cher lieutenant, j'ai deux mots à vous dire.

— Vive le 5ᵉ de ligne! Vivent les porte-enseignes de l'armée polonaise! Vive l'enfer, vengeance de Dieu! Marqueur, du vin! du punch!

— Par ici, mon enfant, dit le lieutenant à Boleslas, en lui prenant le bras, nous pourrons causer à notre aise.

Quand ils furent à l'abri des importuns, Boleslas lui raconta sa vie, ses obscures souffrances, sa dernière résolution, et le pria de vouloir bien lui servir de témoin.

— Ah ça, contre qui? mon enfant; car je ne vous ai pas bien compris... Qui vous a offensé?

Boleslas s'aperçut avec surprise qu'il n'en voulait à personne individuellement, et qu'il n'avait pas nommé son adversaire.

— Mais contre tout le régiment, contre toute l'armée, s'il le faut; j'ai été lâchement calomnié; il me faut du sang, fût-ce celui de mon père...

— Je vois que vous êtes las de la vie... Je

ne vous blâme pas, mon enfant... Ceux qui condamnent le suicide, ou n'ont point compris Dieu ou n'ont point souffert ; seulement il s'agit de rendre sa mort utile à quelque chose, et je trouve le duel absurde, non en ce qu'il tue, mais en ce qu'il tue sans raison ni résultat. La vengeance pourrait encore l'expliquer sinon le justifier, mais il ne peut y avoir de vengeance dans une haine collective, et votre désespoir manque de logique, même dans la plus indulgente acception humanitaire. Si l'existence vous est à charge, il y a mille moyens de mourir avec gloire ; deux seulement de mourir avec honte : le duel et l'échafaud.

— Et quels sont les mille moyens de mourir avec gloire, aujourd'hui?

— Avant tous les autres, celui de mourir pour un principe, pour une vérité.

— Je ne crois plus en rien.

— Pas même en la patrie?

Boleslas réfléchit profondément, et après quelque hésitation, demanda si des esclaves pouvaient avoir une patrie... Le lieutenant regarda autour de lui, et baissa tellement la voix que l'on ne put plus saisir aucune de ses paroles ; mais en sortant, Boleslas était visiblement ému, rajeuni, comme retrempé à l'âme ardente du vieillard. La foi naïve de son enfance était rentrée en lui ; un amour divin étincelait dans son regard ; le ciel lui parut émaillé de Séraphins aux ailes d'albâtre et aux glaives flamboyans. Les toits de Varsovie lui tendirent leurs bras de Titans pour l'élever jusqu'au zénith et le plonger dans la voie lactée. Les pierres du pavé se firent piédestaux et autels ; les ombres des héros slaves se dressèrent dessus et s'alignèrent par bataillons, par nuées, par myriades, et du bout de leurs vieilles épées montrèrent le minaret solitaire du belvédère Grand-Ducal. On était à la fin du mois de novembre, et une bise glacée fouettait des petits nuages blancs dans l'espace. Varsovie claquait, sifflait, scintillait comme un traîneau panaché de feux de Bengale. Il y avait quelque chose de boréal dans cette sublime soirée. Tout était vie et lumière ; harmonie et résurrection ; raillerie et vengeance. Boleslas, emporté par une inexplicable puissance, suivait le vieux lieutenant à travers des masses brunes qui remuaient et se tordaient dans un ordre bizarre. Il lui sembla entendre des râles, des sanglots ; puis des éclats d'une joie insensée. De longs serpens, à la crinière d'acier, enroulaient les rues dans leurs glissantes spirales. Des comètes barbues, couleur de sang, voltigeaient sur les toits et dansaient autour des places où se pressait une foule parfois silencieuse comme un amas de ruines, parfois tonnante comme un chœur de démons. Boleslas voulut s'arrêter, mais l'impitoyable lieutenant l'emportait avec la rapidité d'une fusée, balayant devant eux une voie déserte. Ils filèrent ainsi par le Nouveau-Monde et les larges allées du sud jusqu'au Belvédère. Le voile magique tomba, et le jeune enthousiaste se trouva sur le grand escalier du château, au milieu de dix-sept élèves de l'université, essuyant leurs baïonnettes toutes trempées de sang et d'écume. — Oh ! la duchesse ! la duchesse ! fut son premier cri, et il allait se précipiter dans le château, lorsque la large poitrine du vieux lieutenant rencontra la sienne. — Point de faiblesses, jeune homme ; il n'y a plus rien à faire ici ; les traîtres sont punis, le tigre a échappé, les femmes sont sous la sauvegarde de Dieu. Demi-tour à gauche ! et aux casernes des Lazienki ; c'est là que bout le carnage. — Vive la liberté ! crièrent les élèves, et tous, avec Boleslas et le lieutenant en tête, se portèrent à la rencontre du bataillon des porte-enseignes, soulevé par Pierre Wysocki.

Comme ils traversaient une vaste enceinte en démolition, des flammes violettes s'élevèrent au milieu de ces ruines désolées, et un long éclair argenta les ombres de l'horizon. Des soupirs de fanfares et des tintemens d'acier se parlèrent à demi-voix, et un mur de cuirassiers se dressa muet, droit, aligné à perte de vue, devant les jeunes héros. — Amis ! chacun de son côté ! et sauve qui peut ; toute résistance serait inutile. — Il ne restait en effet aux dix-huit élèves, cernés par la cavalerie russe, qu'à se disperser dans les broussailles, afin de gagner les descentes de la Vistule en tournant un à un l'aile gauche de l'ennemi. C'est ce que firent la plupart avec succès ; mais Boleslas, dominé par je ne sais quelle distraction ou par je ne sais quel orgueil resta cloué à sa place, le fusil en joue, la poitrine haletante. Trois chevaux l'étreignirent de leurs poitrails fumans, et le fusil lui tomba des mains.

— Par ici rebelle! lui crièrent des voix sinistres, et le malheureux poussé, à coups de plat de sabre, se retrouva dans la cour du Belvédère à côté d'un troupeau de spectres enchaînés. Une grille de lames et de baïonnettes cernait ces prisonniers qui, tout récemment sortis des cachots d'état, rôdaient tout autour comme des bêtes fauves, le regard sanglant, la barbe hérissée, un rire affreux sur les lèvres. Une pitié profonde s'empara de Boleslas à la vue de ces martyrs. Son attention s'arrêta, tout d'abord, sur le vieux major Lukasinski qu'un maréchal de régiment attachait avec une grosse chaîne à un affût d'obusier; des hulans ivres lui crachaient à la figure et brûlaient des cartouches sur son crâne chauve. Le saint vieillard, les bras croisés sur la poitrine, jetait un dernier regard sur Varsovie qui, flottant tout entière dans un nuage écarlate, renvoyait aux prisonniers leurs adieux dans un sourd tonnerre.

— Bah! ma jeunesse est finie, se dit avec résignation Boleslas, sans pouvoir détacher ses yeux du vieillard ; ils vont m'enchaîner comme ce malheureux ; eh bien, ma foi, je me ferai affût, matière, morceau de chair morte ; je roulerai comme ce tube d'airain, comme ces roues ferrées... c'est cependant épouvantable...

Un éclair d'orgueil sillonna son front... — et si je me faisais l'ange consolateur de cet être sublime qui a moisi dix ans à vingt pieds sous terre, sans désespoir, sans blasphème, sans faiblesse?... Après tout, ce serait une mission comme une autre... c'est décidé, je me fais accoupler avec ce malheureux; — et en formulant cette pensée étrange il cherchait des yeux quelque chef auquel il pût signifier son désir. Les premières grosses épaulettes qui frappèrent sa vue furent celles de Roznieeki. Le scélérat échappé à la vengeance du peuple Varsovien, à la faveur d'un déguisement de cocher, venait d'arriver au Belvédère accompagné d'un juif et d'un aide-de-camp ; sa présence rendit la vie et le courage au château princier. Les domestiques, les gardes, les sbires dispersés par l'invasion des élèves de l'Université, se rallièrent au souffle du vieux général, comme des réprouvés à l'invocation d'un nécromant ; son regard cynique tomba sur Boleslas qui ne trouva plus de voix pour demander sa couronne de martyr. Le jeune fou n'avait point mesuré ses forces; il passa du plus généreux héroisme au plus mol abattement. Il y avait quelque chose de déflorant, quelque chose d'impitoyablement railleur dans la figure du proconsul Ducal.

— Vous aussi parmi les rebelles, mon enfant ?... c'est mauvais, très-mauvais... venez avec moi... il ne faut pas que son Altesse puisse se douter de votre étourderie ; vous lui présenterez vos hommages, et vous direz que vous venez vous mettre à sa disposition ; cela fera un bon effet.

— Je ne puis, monsieur le général ; j'ai été pris les armes à la main, ma conduite n'est pas une étourderie ; c'est une détermination réfléchie, inexcusable dans votre sens, méritoire dans le mien. Ne me déshonorez pas en m'exceptant des peines destinées à mes compagnons.

Le général fit entendre un petit rire glapissant, chargea son nez camus et bourgeonné d'une énorme prise de tabac, et tourna la tête vers le grand escalier qu'éclairait un double rang de torches. Boleslas, remis de son malaise, revenait à son projet romanesque, lorsqu'une figure pâle, perdue dans une chevelure blonde comme dans un nuage d'encens, s'arrêta silencieuse et immobile sous le baldaquin du portique. Boleslas porta sa main à sa poitrine et à son front ; il fit un effort pour détourner les yeux, mais la prunelle rebelle semblait s'arracher de son orbite pour s'envoler vers la duchesse, car c'était elle..... la belle victime... l'inabordable amante...

Le major Lukasinski fut oublié...

— Désirez-vous être présenté à madame la duchesse avant d'être fusillé, monsieur, dit d'un ton demi-goguenard, demi-sauvage, Rozniecki à Boleslas ; c'était fournir un prétexte à la lâcheté du jeune sergent. La menace excusait la tentation, il était ma foi bien permis de satisfaire un caprice avant de mourir. Au fond, l'hypocrite mentait à sa conscience ; il savait bien qu'il ne serait pas plus fusillé en voyant qu'en ne voyant pas l'épouse du Czarewicz ; il se laissa entraîner. Il remarqua en s'éloignant du groupe des prisonniers, que des murmures flétrissans couraient sur ses pas ; il eut froid, il eut honte ; mais la duchesse était si malheureuse... et si belle...

— Voici encore un fidèle serviteur, madame ; vous ne direz plus que la révolution est populaire, monsieur n'est que simple sergent... dit Rozniecki à la duchesse en lui présentant Boleslas, pâle, tremblant, désarmé... fléchissant sous son amour et sa honte.

— Est-il bien vrai, monsieur, dit la duchesse, que les Varsoviens aient méconnu les intentions de mon mari, au point de l'accuser de tyrannie? Les malheureux ont donc oublié que le grand-Duc a sacrifié le premier trône de l'univers à l'honneur de les commander. Et que leur ai-je fait, moi, pour être insultée dans mon palais... ne suis-je donc pas polonaise comme eux ?.... La duchesse s'arrêta, rougit beaucoup et monta précipitamment en voiture, confuse de sa véhémence et de son abandon. Il avait fallu une circonstance aussi exceptionnelle à l'épanchement de l'âme timide et circonspecte de cette pauvre femme qui, placée entre l'amour bestial d'un insensé et les secrètes sympathies de ses compatriotes, avait usé ses charmes et sa jeunesse à tenter des conciliations impossibles.

Lorsque Boleslas releva la tête, le carrosse avait franchi la grille ; une foule d'aides-de-camp, de généraux, de chambellans aux uniformes dépareillés couraient çà et là, pillant, dépouillant, plumant à nu le château abandonné. Les prisonniers escortés par un peloton d'infanterie étaient dirigés sur Mokotow où le grand-Duc avait établi une espèce de quartier-général, et où se ralliaient les gardes chassés de Varsovie. Rozniecki, d'abord fort occupé de son jeune protégé, fut obligé de monter à cheval pour organiser la retraite des troupes grand-ducales. Boleslas, oublié dans cet épouvantable cahos, eut une demi-heure pour fuir... il n'en profita pas... le regard de la duchesse l'avait cloué au sol...

Le lendemain, à cinq heures du matin, il

était à Mokotow, familièrement mêlé aux aides de-camp du grand-Duc. Il évita de se rendre compte et de l'inexplicable intérêt que lui portaient d'orgueilleux étrangers, et de ses condescendances à leur égard ; il boucha les oreilles de son âme, et s'enveloppa tout entier dans son amour pour ne point entendre les reproches de sa conscience ; il n'eut pas manqué au besoin de paradoxe pour s'absoudre de son incivisme. Qu'importait un sergent de plus ou de moins au triomphe de la liberté ? Le grand-Duc méritait-il réellement la haine que lui portait la Pologne ? n'était-il pas nécessaire d'approfondir les deux causes avant de se déclarer en faveur de l'une ou de l'autre ? Voilà ce que se disait le sergent ; voici ce que lui répondait sa conscience : — Rénégat, tu aimes ou tu crois aimer une femme qui ne t'appartiendra jamais et à laquelle tu immoles ton honneur ; tu mets en doute les crimes d'un tyran pour justifier ta lâcheté ; hier tu pouvais fuir l'ignominie ou partager le sort de tes compagnons, tu n'as fait ni l'un ni l'autre. Misérable ! tu es flétri !

— Mais je n'ai que dix-sept ans ! répondit

le sergent, tout haut, en essuyant la sueur glacée qui inondait son front... Les aides-de-camp partirent d'un éclat de rire... A l'instant même la porte s'ouvrit, Rozniecki entra et fit un signe à Boleslas qui le suivit sans trop savoir ce qu'il faisait.

Ils traversèrent une longue allée de tilleuls sur laquelle étaient étalées toutes les grandeurs déchues du visirat Moscovite ; autour de quelques mourans bivouacs, se foulaient pèle-mêle officiers, valets, vivandiers et soldats. Toute cette Asie en frac se cramponnait en vain à la terre rebelle ; la terre fondait en mare de boue et de sang sous son poids. De sales *Mougiques* se balançaient dans les élégantes calèches de Strantmann et de Knoryng. Les officiers enveloppés dans leurs fourures, cachaient leurs épaulettes et leur honte à des soldats auxquels l'audace des Varsoviens avait soulevé un coin du rideau sacré, et que le canon de l'insurrection avait fait palpiter d'une soif inconnue. Les têtes rases et lisses des soudards ne se découvraient plus qu'à regret ; les jeunes cornettes regardaient en soupirant les dômes fuyants de cette joyeuse Varsovie, où les filles sont si lascives, les bains si suffoquans, le kawiar si exquis. Le râle lointain du tocsin dominait les faibles murmures du camp russe, et de la cîme d'un amas d'aiguilles, de croix, de frontons fondus dans une tache immense, jaillissait un noir panache de fumée, légèrement penché vers le sud comme un drapeau de liberté, comme la chenille d'un casque triomphal. Puis du fond de cette ruche géante s'élevaient des rumeurs incessantes, des éclats étourdissans, toute une langue d'exclamations et de sermens, tout un concert de saintes folies...

— O mon Dieu! mon Dieu! qu'ils sont heureux! se disait Boleslas... il y a là toute une résurrection, toute une vie de gloire et d'ivresse!... Liberté! Liberté! songe divin, mystère incompris, fête des éternités dépensée dans une heure, ne verrai-je donc jamais ta face rayonnante... ne m'abreuverai-je donc jamais à ta coupe sacrée!...

— Entendez-vous ces hurlemens lointains, dit au sergent Rozniecki qui suivait sa pensée, et de son œil de basilic fouillait le cœur du jeune homme ; ce sont les râles des hommes de bien dont ces bons Varsoviens ornent leurs réverbères : voyez-vous, monsieur le sergent, cette noble Liberté a un estomac de vilain et une soif de grand seigneur. Tous les cadavres de la noblesse ne suffiront pas au premier, tout le sang de ses soldats à l'étanchement de la seconde. Quand la belle prostituée aura dépeuplé ses sérails, sa cour, ses armées, ses cités, ses compagnes, ses couvens, elle fera main-basse sur ses enfans, puis elle se mangera les entrailles... et cela en moins de temps qu'il n'en faut à Dieu pour mûrir un fruit, car elle va vite en besogne, la noble fille... elle a chassé le frère impérial du Belvédère, elle a égorgé sa poule d'or dans la personne des juifs de la rue des Franciscains, elle remplace ses généraux par des sous-lieutenans et ses ministres par des journalistes... elle m'a pendu en effigie... je ne lui souhaite d'autre punition que dix mois d'existence. Nous sommes sortis d'un volcan, nous rentrerons dans un cimetière...

II.

Le faible Boleslas trouva les paroles du vieux seïde affreuses, mais d'une vérité désespérante. Il entrait dans la maison du grand-Duc..... A travers la croisée ouverte, il avait entrevu une femme... cette femme c'était la duchesse de Lowicz. Varsovie, liberté, cris de triomphe, fêtes de héros, joies d'enfance, tout s'effaça de son âme comme une énigme fatigante tracée sur une frêle poussière. — Oh! je vais donc la voir à mon aise... pensa-t-il à moitié fou d'impatience. Rozniecki ouvrit la porte et introduisit son jeune protégé...

Le logement du Czarewicz, héritier légal de la couronne de toutes les Russies, généralissime des armées polonaises et lithuaniennes consistait en deux grands trapézoïdes enfumés et obscurs. La première de ces pièces abandonnée aux officiers de la maison princière était encombrée de malles, de harnais et de paille sur laquelle gisait une armée de cosaques et de valets. Il fallut passer sur les corps de tous ces immobiles cerbères pour arriver à la seconde chambre occupée par le couple ducal et le prince Paul Alexandre, bâtard du Czarewicz.

Le grand-Duc en uniforme de cuirassier, en culotte de peau, un peloton de médailles sur la poitrine, examinait gravement un nouveau système de buffleteries collées sur une espèce de géant qui, la prunelle fixe, et l'arme au bras, se tenait immobile dans un coin de la chambre. Un panache de longues plumes jaunes et blanches retombait sur les yeux hagards du Czarewicz, comme un saule pleureur sur un sépulcre de vampire, et ne laissait voir qu'un bout de nez retroussé et fendu, moitié risible, moitié cruel. Sur une petite table vermoulue, placée devant lui, fumait un énorme verre d'arak bouillant ; à côté veillaient deux paires de pistolets chargés.

Le bâtard princier, également en uniforme de cuirassier, mais en petite tenue, le cigare à la bouche et le pied gauche appuyé contre le mur, paraissait fort occupé à faire luire ses bottes et à lisser le drap de son pantalon ; il était tellement absorbé par cet important travail qu'il ne remarqua pas l'entrée de Rozniecki et de Boleslas.

Tout au fond de la chambre, sous une fenêtre ouverte à cause de la fumée qui sortait par les crevasses d'un énorme poêle en faïence verte, la duchesse, en robe de chambre nouée d'une simple écharpe, fouillait dans des liasses de papiers entassées sur un établi de menuisier. Elle pliait, déployait, classait, déchirait, marquait de l'ongle les feuilles qui passaient et repassaient entre ses mains avec une rapidité mécanique ; ses belles boucles blondes éventées par le frôlement des parchemins baisaient des noms infâmes, caressaient de larges cachets couleur de sang, balayaient indistinctement les suppliques des condamnés et les ukases czariens, les dénonciations de Makrot et les protestations de la diète, les mandemens du primat et les pasquinades des *bursch*. Sur ses traits douloureuse insouciance, impénétrable résignation, attention puérile; dans ses poses gracieux oubli, coquette négligence; dans ses rares soupirs quelque chose de provocateur. A la fois ministre et archiviste d'une puissance morte, la pauvre femme mettait dans ses fatigantes recherches la consciencieuse minutie, l'exactitude alarmée qui se défie d'elle-même; mais au fond de ce scribe femelle y avait-il un cœur de femme?... C'est ce que se demanda Boleslas en entrant...

Lorsque Rozniecki parut, le Czarewicz enfonça son chapeau sur sa tête et lui demanda de sa voix enrouée et sifflante ce que faisaient les rebelles et quand les Russes pourraient rentrer à Varsovie.

— Monseigneur, répondit le général, les rebelles font ce qu'il était facile d'empêcher hier avec un régiment de cavalerie, ce qu'il est facile d'empêcher aujourd'hui avec une division, ce qu'il sera impossible d'empêcher demain avec une armée.

Ici la porte s'ouvrit, et quatre députés polonais, le bonnet carré sur la tête et la carabelle au côté, entrèrent brusquement en poussant devant eux un aide-de-camp qui n'eut que le temps de les annoncer.

— Bah! répondit à Rozniecki le fourbe Czarewicz, en faisant semblant de ne point s'apercevoir de l'entrée des factieux, vous êtes toujours pour les mesures extrêmes, monsieur le général ; je vous ai déjà dit que je ne voulais pas me mêler du ménage des Varsoviens. C'est une brouillerie de famille qu'ils n'ont qu'à arranger entre eux; j'ai fait évacuer Varsovie afin d'éviter toute collision entre les étudians et les gardes ; si les partis me veulent pour arbitre, ils savent que je suis leur père et que je ne demande pas mieux. Quand les esprits seront calmés, nous procéderons à la poursuite légale des coupables.

— Il n'y a point de coupables!... il n'y a que des vengeurs, dit gravement l'un des quatre députés : quant à notre arbitre le voici ; et il fit sonner le fourreau d'argent de sa carabelle contre le parquet.

— Si fait, reprit un maigre et pâle jeune homme, j'en connais un coupable, le voici ; et il montra du doigt Rozniecki qui, pris entre deux feux, s'était réfugié auprès de la duchesse qui le toisa avec dégoût et le pria de s'ôter de son jour. Le misérable chercha à se donner une contenance en se tournant vers le prince Paul-Alexandre que l'arrivée des députés n'avait pas plus distrait de sa toilette que ne l'avait fait l'apparition de Boleslas.

— Que dites-vous, monseigneur, de ces insolens, grommela le vieux débauché.

— Mais je dis d'abord que vous avez de la salive de fille sur vos crachats, et des taches de vin chaud sur votre pantalon ; vous êtes furieusement sale, général, allez donc vous faire brosser par mon mougique; en même temps le jeune élégant tendit au général une vergette en forme d'éventail, lui tourna le dos et le pria d'enlever le duvet de son habit. — Légèrement au col, mon cher, vous allez faner le galon...

Pendant que Rozniecki s'acquittait avec dépit de ces honorables fonctions, il s'était élevé une vive discussion entre deux membres de la députation; l'un d'eux, désireux d'entrer sans délai en matière, avait demandé au Czarewicz quelles étaient ses prétentions et ses espérances en tenant ses gardes aux portes de Varsovie; mais l'autre dont cette question catégorique déroutait les perfidies, arrêta la réponse du Czarewicz en demandant immédiatement à son impatient collègue, s'il prenait sur lui la responsabilité du traité, et s'il avait des pleins pouvoirs pour une négociation positive; il ajouta que dans le cas affirmatif, aucun des membres présens n'oserait s'associer à ses hardiesses, et que dans le cas négatif il protestât au nom du conseil national et du *roi constitutionnel* contre tout ce qui se déciderait sans leur consentement. Les esprits s'échauffaient.

Le Czarewicz qui se trouvait gêné devant cette espèce de diétine tapageuse, et qui pourtant se voyait, avec une sourde fureur, réduit à capituler, se tordait sur son escabeau et jetait des regards d'anxiété sur la porte. — Çà, messieurs les nonces, dit-il en se mutilant la lèvre supérieure avec les dents... nous sommes mal à notre aise dans ce taudis; si vous voulez monter à cheval et m'acompagner à la revue de mes gardes, nous causerons plus librement en plein air. Les Sarmates aiment délibérer en selle et sous la voûte des cieux.

— Bien! cela nous va, monseigneur, s'écrièrent ensemble les députés.

Le grand-Duc mit une paire de pistolets à sa ceinture, fit un signe à Rozniecki et au prince Paul qui se placèrent entre lui et les députés, et tous sortirent en laissant la duchesse avec Boleslas, et le grenadier toujours immobile dans son coin. En repoussant du pied la table placée devant lui, le Czarewicz parut se rappeler qu'il avait fait venir le jeune sergent; il lui fit sa grimace familière et lui montra du doigt la duchesse qui, pendant toute cette scène, avait paru absorbée dans son travail et avait affecté une neutralité absolue. Boleslas tressaillit et sentit ses jambes fléchir sous le poids de son corps.

Le grand-Duc affermit son chapeau panaché sur sa tempe droite et poussa tout le monde hors de la chambre. Boleslas entendit la porte frapper contre le châssis, les pas s'éloigner, les chevaux piaffer dans la cour, les pelotons courir dans la plaine, les tambours gronder dans l'espace, tout cela sans oser lever les yeux. Le dernier geste du Czarewicz l'avait paralysé, assourdi et aveuglé. La voix argentine et un peu traînante de la pâle duchesse le tira de cette torpeur.

— Monsieur le porte-enseigne, ayant besoin d'un aide discret et intelligent dans l'immense travail dont m'a honoré la confiance de mon mari, j'ai prié le général Rozniecki de me trouver un secrétaire qui comprît et conçût le français, le russe, l'allemand, le polonais, le grec et le latin; le général vous a rappelé au souvenir de son Altesse qui semble vous porter beaucoup d'intérêt, et a été charmé de pouvoir vous employer; cette distinction est d'autant plus honorable pour vous que plusieurs généraux se sont disputé cette petite faveur; mais le Czarewicz à la pénétration et au bon-sens du quel on ne rend pas assez justice, a répondu à ces messieurs que ces fonctions ne pouvaient convenir qu'à quelque talent obscur, qu'à quelque jeune homme modeste et zélé qui serait tout entier à sa besogne, et ne serait distrait par aucun intérêt étranger.... La duchesse dit tout ceci sans lever les yeux.

— Madame, répondit Boleslas déjà rendu à cette fatuité instinctive dont s'arme tout homme de dix-sept ans, devant une femme qui lui demande un service, je suis moins flatté des faveurs de son Altesse que du hasard qui me rapproche de votre adorable personne ; je suis prêt à vous obéir en tout et pour tout sans restriction ni examen, à cette seule condition que je serai exclusivement à vos ordres. En servant une polonaise, je donnerai le change à mes regrets, et je me croirai encore sous les drapeaux de mon pays. En arrondissant sa dernière phrase, le jeune étourdi s'empara de la main de la duchesse et la baisa avec effusion. Cette galanterie de parole et de gestes, très-commune en Pologne à l'égard des femmes de toutes les classes et de tous les tempéramens, n'étonna nullement Jeanne Grudzinska, devenue duchesse de Lowicz; elle sourit gracieusement au sergent, le fit asseoir familièrement à côté d'elle, et sans autre préambule lui donna une liasse de lettres russes à classer par dates, et à déchiffrer à l'aide d'une clef de parchemin découpé.

Boleslas qui, depuis trois mois, tressaillait devant l'ombre de cette femme, fut étonné, déconcerté, presque effrayé de ne point éprouver près de la femme ce que l'ombre lui avait promis. Il profita d'un moment où la duchesse tournait la tête et adressait la parole au grenadier, dans une langue étrangère, pour rapprocher sa chaise de la sienne et s'enivrer de sa chaleur et de son encens; il laissa tomber un papier sous la table, et sous prétexte de le ramasser, il se baissa et effleura du bout de ses lèvres les genoux de la jeune femme; en se relevant il plongea son front dans ses boucles et aspira longuement leur parfum..... il la regarda à son aise mais avec une avidité forcée, avec des désirs mentis. Le malheureux en vain secouait son cœur, voilait ses ardeurs éteintes, commandait d'impossibles élans à son âme, d'impossibles battemens à ses artères... l'amour... le désir même ne venait pas...

La duchesse causait toujours avec le grenadier.

— Qui sait, pensa Boleslas... cette jeune femme n'est peut-être pas belle ; mon imagination lui a prêté des charmes exagérés. Ma poésie l'a enveloppée d'un nuage à travers lequel les yeux n'ont pu saisir les imperfections de la matière.... Voyons.... Et il s'abîma dans l'examen de sa personne.

Tout était rigoureusement beau en elle ; la langueur de ses yeux, la finesse de son nez et la petitesse de sa bouche constituaient une sorte d'harmonie trinitaire qui imprimait au moindre jeu de sa physionomie quelque chose de si logiquement gracieux, que les perceptions les moins intelligentes pouvaient lire toute sa pensée dans un seul de ses regards. Les riches gazes de sa chevelure d'or pâle, servaient de voile unique à ce chaste autel qui, livré à toutes les observations et à tous les amours, se balançait nonchalamment à la cime d'un magnifique piédestal d'albâtre. Les admirables contours et l'éblouissant éclat des bustes sarmates ont appris aux polonaises à railler les rigueurs du climat. Toute leur coquetterie consiste à marcher très-décolletées ; ce qui leur donne, dans le monde prudemment débauché des pays occidentaux, un air de coulisse et de sérail que, dans leur naïf abandon, elles ne soupçonnent même pas. La duchesse toujours altérée d'air et de lumière avait refoulé le col de sa pelisse jusqu'aux reins.

L'imagination de Boleslas n'avait jamais osé rêver rien d'aussi étourdissant ; dans ses rêves d'amant, il s'était défié de ses forces, et avait sérieusement lutté contre les créations de son cerveau ; il lui semblait alors que la vue d'une gorge de femme égarerait sa tête ou le tuerait sur place ; à la vue de celle de la duchesse, il mit sa main sur sa poitrine et ne se sentit même pas palpiter..... Il trembla... mais de peur et d'étonnement... Il crut son être désorganisé, sa raison perdue, son cœur pétrifié, car quant à ses yeux, jamais ils n'avaient dévoré de plus riches attraits...

Pour que leurs rayons ne communiquassent point leur flamme aux sens, il fallait que le goût fût infirme ou blâsé... Or, Boleslas n'avait que dix-sept ans...

— Dites-lui, mon père, que Jeanne veut l'embrasser avant de quitter la Pologne... Ne vous affligez pas et appelez votre stoïcisme ordinaire à votre secours, dit la duchesse au grenadier, en achevant en russe le discours qu'elle avait entamé avec le vieillard dans une langue inconnue ; — je me meurs d'inquiétude à l'égard de Georgy, continua-t-elle ; au nom de Dieu ! mon père, rapportez-moi de ses nouvelles ; je désirerais bien qu'il restât à Varsovie pour veiller sur cette pauvre enfant. On prétend que la plupart des officiers de la garde Volhynienne ont renoncé à nous suivre ; Georgy est peut-être du nombre... informez-vous en..... Et en achevant ces paroles, la duchesse baisa en pleurant la main que lui tendit le grenadier.

— Patience et discrétion, répondit le vieillard en jetant un regard pénétrant et impérieux à Boleslas qui feignit ne rien remarquer de toute cette scène ; au fond il n'y comprit rien; le titre de père exprimé en russe par *Batiuszka*, s'adresse indifféremment à tous les vieillards; d'ailleurs l'intimité d'une jeune duchesse avec un vieux soldat déroutait toutes ses conjectures.

Le grenadier sortit.

— Eh bien, où en sommes-nous de notre travail? demanda la duchesse.

— Je viens de déchiffrer une correspondance entre M. Nowosiltzow et mademoiselle Orlow, maîtresse de l'Empereur, dans laquelle on se révèle mutuellement les scandaleux mystères des cours de Saint-Pétersbourg et de Varsovie... Si vous voulez en entendre la lecture, c'est fort curieux.

— Passons outre.

— Voici les lettres de messieurs Barthe et Périer au prince Dolgorouki, écrites sous l'impression de la révolution de juillet. Ces messieurs garantissent au cabinet de Carskoë-Selo, les sympathies du duc d'Orléans... l'authenticité toutefois en est douteuse; le style est évidemment étranger et respire l'ignorance de la véritable situation de la France...

— Mettez ceci de côté avec l'étiquette *P. S.*

— Voilà les ordonnances du secrétaire-d'état préposé aux affaires de Pologne, relativement à la campagne d'Occident.

— Lisez.

— « Son Altesse, M. le prince Druckoï-Lubeckoï daignera s'aboucher immédiatement avec le ministre de la guerre du royaume de Pologne, à l'effet de rappeler sous les drapeaux les congédiés et les démissionnaires, et de calculer exactement l'effectif des corps d'armée qui doivent être mis en mouvement vers la fin de février. La ligne de la Basse-Vistule étant choisie par le feld-maréchal-comte Diebitsch Zabalkanskoï, comme réserve du théâtre militaire dont l'Oder forme le deuxième, et l'Elbe le premier front ; sa Majesté l'Empereur de toutes les Russies, me charge de vous inviter à pourvoir sans délai à l'approvisionnement des places du royaume et de celles de la Prusse Polonaise ; à l'égard de ce dernier article, vous entrerez en communication avec M. Schmid, autorisé de Sa Majesté le roi de Prusse, près le gouvernement de Pologne. En cas de doute, les lumières de son altesse le Czarewicz, serviront de base à votre zèle.

Dieu vous garde, etc.

Au nom de Sa Majesté,

Le ministre-sécrétaire d'état,

Comte Grabowski.

— Voici la réponse du prince, faut-il...

— Assez, je la devine ; monsieur Lubecki trahit les deux côtés, c'est un homme infâme ; je sais de bonne part qu'il a pris copie de cette instruction pour la vendre aux conjurés. A un autre.

— Rapport des employés de la police d'état au général Rozniecki ; faut-il vous les lire, madame ?

La duchesse hésita, puis fit un geste de consentement.

— La curiosité l'emporte sur le dégoût, pensa le soupçonneux Boleslas.

Il lut :

« 8 octobre. — Le nommé Cichowski, soupçonné de connivence avec les conspirateurs, a été amené au couvent des Carmes et interrogé par M. le Général Lewicki ; son obstination à nier des crimes que toutes les apparences rendent incontestables, a obligé le général à employer, à l'égard du prévenu, les mesures accélérantes d'usage en pareil cas. La fustigation n'ayant pas mieux réussi que les exhortations, le général a jugé nécessaire de le mettre aux harengs salés.

« Soumis à l'approbation du général d'armes, Rozniecki. »

Au bas : « Approuvé, avec fustigation extraordinaire, les mardis et vendredis.

« 15 octobre. — Le nommé Lukasinski, ci-devant major de l'armée Polonaise, depuis neuf ans dans les prisons d'état, pour hérésies maçonniques, a été interrogé pour la cent trente-huitième fois, en présence de leurs Excellences les ministres de la police et de la guerre. Efforts infructueux, continuation de peine.

Note de Rozniecki. Le prisonnier sera transféré du numéro 27 au numéro 48. Sa ration de biscuit sera diminuée d'un tiers, le poids de ses fers augmenté de moitié.

« 1ᵉʳ novembre. — Les nommés Kinski et Meyzner, membres de la société secrète des Templiers, ayant été atteints d'aliénation mentale, à la suite de trois interrogatoires, ont été transférés à la maison des fous. *A examiner.*

Note de Rozniecki. — Poursuite du procès ; harengs salés, fers de calibre. »

Le sergent s'arrêta pourpre d'indignation et d'horreur.

La duchesse était encore plus pâle que d'ordinaire ; mais l'habitude d'entendre parler crimes d'état, tortures, procès secrets, avait imprimé à ses traits une résignation de routine qu'un étranger aurait pu prendre pour de l'insensibilité. Boleslas qui, depuis le matin, cherchait un prétexte de la haïr, saisit celui-ci : il la toisa avec un dédain théâtral, et lui demanda si ses entrailles de femme et de polonaise ne se révoltaient pas à une pareille lecture.

Pour toute réponse, elle lui fit signe de continuer.

Boleslas prétendit ne pouvoir déchiffrer le reste des pièces relatives au procès des conjurés.

La duchesse ramassa la liasse, la mit de côté, et pria le sergent de passer à la suivante.

Boleslas en fut contrarié et déconcerté, car il avait espéré une longue et chaude discussion où il eut eu tous les avantages du terrain, et qui lui eût fourni l'occasion d'une magnifique tirade. Il décacheta le nouveau cahier avec mauvaise humeur, et lut :

« Correspondance entre son excellence le général Jermolow et son altesse monseigneur le Czarewicz, relative aux principautés de Géorgie, Mingrélie, Iméritie et Atalie. »

La jeune femme tressaillit et bondit sur sa chaise.

Boleslas prit une des pièces comprises sous cette enveloppe, et continua :

« Toutes les recherches relatives au frère du prince Georges sont restées sans résultats. Quelques agens anglais, que je suis parvenu à gagner, soutiennent que ce rebelle commande les tributs du Haut-Caucase ; mais la mollesse de la résistance de ce pays ne s'accorde guère avec la réputation de vigueur et d'audace que s'est faite ce montagnard. Quoique toutes les places soient entre nos mains, et que le calme paraisse rendu à ces contrées, son nom seul suffit pour nourrir de dangereuses espérances dans les âmes ; et notre domination ici ne sera solidement établie, que par le supplice public du dernier rejeton de la branche Géorgienne. On prétend que le prince a trois enfans dont un fils de vingt ans ; ceci n'est pas avéré. Il envoie à votre Altesse le plus important des papiers trouvés au château de Tyflis. »

Boleslas déploya un grand parchemin tout griffonné de caractères syriaques ; la duchesse le lui prit des mains et se plongea dans la lecture de cette pièce mystérieuse ; la langueur de son regard avait fait place à un enthousiasme frénétique, une auréole de flamme éclaira son front ; ses narines enflées, sa petite bouche serrée, ses sourcils rapprochés donnaient à sa figure un caractère de colère divine qui glaça le sourire sur les lèvres de Boleslas. Il eut un nouveau paroxisme d'amour.

Son insolente froideur fit place à une timide adoration ; il recula sa chaise, baissa les yeux, rougit, palpita, devint gauche, niais, bossu, souverainement ridicule.

Mais la duchesse avait oublié qu'il était là... elle se leva, fit deux fois le tour de la chambre, et sortit. Le sergent resta pétrifié sur son siége ; au bout de cinq minutes il se hasarda à lever la tête ; il sentit qu'il était gelé ; la neige chassée par une bise glacée entrait par la fenêtre ouverte et se tassait en épais festons sur les papiers dispersés devant lui. Il jeta un regard indécis sur le siége veuf de son idole ; il tomba à genoux et le couvrit de pleurs et de baisers. A travers le prisme des larmes qui voilaient ses ardentes prunelles, les gerbes de neige lui parurent une robe de femme. La duchesse se dressa devant lui vivante, pâle, sublime ; il lui tendit ses bras et lui adressa une prière dans la langue des anges. Les flocons tourbillonnant autour de la trompe d'albâtre dont la cime se perdait au zénith, se contournèrent en faces de chérubins, secouèrent leurs petites ailes sur l'idole et la parsemèrent de saphirs et de topazes. Une écharpe d'argent tomba en biais sur son sein et jeta ses franges parfumées à la figure de Boleslas qui voulut les saisir avec ses lèvres. Derrière cette ombre chérie tremblaient l'espace, le ciel et la terre ; on eût dit une toile sans limite, un crible géant montant et descendant sans cesse derrière une immense glace d'agathe. Sur ce fond douteux couraient d'étranges figures de Gnomes, de serpents, de chiffres, de palais enchantés ; mais tout cela fragile, inachevé, nuageux à la fois comme un souvenir d'enfance et comme un amour de vieillard. L'idole se pencha sur le front de Boleslas et souffla sur ses paupières. Un plaisir fiévreux tirailla son corps ; il éprouva dans le même instant toutes les joies du paradis et de tous les supplices de l'enfer..... il se sentait brûlé et glacé... il se crut bercé dans un hamac attaché aux deux confins de l'Univers, au son d'une harmonie éolienne, sous la voûte entr'ouverte des plus hautes régions célestes ; ses paupières fermées devinrent diaphanes, et il fut inondé d'une impitoyable clarté à travers laquelle se pourchassaient les mondes, les démons et les dieux. Des roulemens sinistres, mélange insaisissable de tambours, d'orgues et de rugissemens passaient et repassaient sur sa tête, comme les flots de la mer sur le polype qui n'a qu'une vague conscience de sa vie.

Et des filles ailées lui chantaient des airs douloureux, et de noirs géants trempaient leurs doigts dans le cratère du soleil, en écrivant des sentences de mort sur un écusson bleu.

Et un vieillard enveloppa la création dans sa barbe blanche et posa un seing de glace sur le cœur du globe terrestre.

Et le malheureux, toujours bercé dans son

hamac, sentit le seing pénétrer dans ses chairs, ronger ses os, pétrifier sa moelle.

Et le pâle soleil, et le vieillard, et les mondes, et les filles ailées, et les géants noirs, se mirent à tourner autour de l'idole blanche qui, seule immobile au centre de ce cahos, répétait des paroles d'amour dans une langue inconnue. . . . .
. . . .
. . . .

Le sergent se réveilla dans une ambulance, entre deux cholériques et trois blessés qui, secoués par les cahots, pesaient sur le misérable comme la roche de Syzif.

— Où suis-je? murmura-t-il faiblement, en faisant un effort pour relever la tête.

— Dans une ambulance, camarade; si vous n'y êtes pas mollement, vous y êtes au moins plus chaudement que dans la maison du grand-Duc où on vous a ramassé raide comme un saumon gelé. Souffre-t-on beaucoup avant de mourir de froid?... On dit qu'on éprouve à-peu-près les mêmes jouissances qu'en se pendant; est-ce vrai?

— Je ne me rappelle pas trop ce que j'ai souffert, répondit Boleslas qui cherchait en vain à recoller les lambeaux de ses souvenirs.

Il étouffait sous le poids de ses compagnons accroupis en travers de ses jambes et sur son estomac. A l'aide de quelques secousses désespérées, il parvint à dégager la moitié de son corps, et plaça sa tête baignée de sueur à la hauteur d'une grande lucarne pratiquée à la toile cirée qui couvrait le char. Quatre chevaux d'Ukraine emportaient l'hôpital ambulant qui, monté sur un traîneau, franchissait l'espace avec la rapidité d'une *kibitka*.

Bataillons, escadrons, pièces de menu et de gros calibre, vivandières, équipages, semblaient se défier à la course. La grande voix de Varsovie chassait la caravane vers le désert, et tout filait, glissait, fuyait sous le souffle d'une muette épouvante. En tête de cette poussière balayée par le simoun de la sainte révolte, galopait le panache du Czarewicz; son étalon noir semblait sauter par-dessus un abîme ouvert dans le tremblement de la terre vengeresse; à côté de lui volait son mauvais génie Rozniecki, puis la cohue, impatiente, désordonnée, échevelée, comme la queue d'une comète errante pour laquelle il n'y a plus de place parmi les constellations. Mais aucun bruit ne trahissait le mouvement de cette armée de spectres. La bise emportait ses plaintes, la neige amortissait ses pas; seulement à voir les flocons couvrir la masse noire et silencieuse des colonnes, on eût dit des larmes d'argent sur un linceul; un cimetière voyageur.

Les dômes de Varsovie s'effaçaient à l'horizon comme une dernière espérance dans une âme damnée. Les poteaux routiers, numérotés au front, saluaient en raillant et se cachaient les uns derrière les autres. Les marronniers aux cent bras, regardaient avec dédain par-dessus les lances, les plumets et les étendards, et leur jetaient un anathème dans un long murmure. Les villages blottis sous leurs blanches fourrures disaient : *Adieu!* et passaient; terre et cieux manquaient aux bannis. Par intervalle, arrivaient les sons mutilés des fanfares polonaises annonçant aux Varsoviens le départ des tyrans et le règne du peuple. Déjà même au loin apparaissaient de brunes colonnes de fédérés qui, jaloux des exploits de leurs frères, accouraient du fond des provinces, conquérir ou partager les lauriers de la liberté. Comme du sein de la terre jaillit une haie de faulx sur le passage même du Czarewicz. Elles n'étaient que trente, alignées, verticales, immobiles. Toute l'armée défila devant elles comme sous les Fourches-Caudines.

— Où sommes-nous, où allons-nous? demanda enfin le sergent stupéfait, au jeune soldat qui lui avait déjà expliqué si complaisamment l'énigme de sa résurrection.

— Si Dieu le veut, nous sommes loin, et allons au diable. J'ai entendu dire à un porte-enseigne qui fait les fonctions de secrétaire auprès du général Rozniecki, que la députation Varsovienne s'étant aperçue de la démoralisation des gardes, a cru pouvoir signifier au grand-Duc d'évacuer le royaume avec armes et bagages. Son Altesse voyant les garnisons des provinces, et jusqu'à ses régimens russes, disposés à se joindre aux rebelles a aussitôt ordonné la retraite. On dit que le général Rozniecki a vivement combattu cette résolution, et qu'après un entretien secret avec le prince Lubecki, il a demandé à Son Altesse la permission de réduire la ville par les armes. Il paraît que dans toute cette bagarre, il n'y a que lui qui ait conservé sa tête nette; on l'a vu compter les batteries et les caissons de Gerschentzweig, et on l'a entendu dire qu'il y avait là de quoi faire rentrer sous l'obéissance tous les jacobins de l'Europe. C'est un rude luron que ce vieux coureur de filles, allez.

— Pourquoi le grand-Duc n'a-t-il pas tenté l'attaque; il semblait être homme à cela ?

— Bah!.... les uns disent qu'il ne sait batailler que sur la place de Saxe, et que l'insurrection l'a rendu muet, indécis, tout-à-fait imbécile ; les autres, qu'il s'est épris tout-à-coup d'un amour chevaleresque pour les Polonais, et qu'il ne veut plus tremper ses mains dans leur sang.

— C'est bien la peine de faire le papa pendant un jour, après avoir fait l'ogre pendant quinze ans, murmura un troisième interlocuteur.

Boleslas, torturé par la fièvre, n'entendit plus le reste de la conversation. Il humait avec avidité les flocons de neige pour calmer une soif d'Ismaël; ses regards fatigués, éblouis par le délire et la sinistre blancheur des plaines, erraient par l'espace comme une colombe à travers l'Océan, sans savoir où reposer, où se fixer.

L'ambulance glissait toujours.

Il lui sembla voir trois ombres, drapées dans des cilices de neige, se faire signe de loin, se rapprocher, s'étreindre, se quitter, se rejoindre encore, puis se séparer pour jamais. Soit que le délire troublât ses yeux, soit que l'intérêt prêtât à ses organes la puissance d'un télescope, il crut distinguer, quoique à une énorme distance, la duchesse, la fille de café, et le grenadier aux buffléteries. Il sortit sa tête de la toile cirée pour mieux voir; mais un tourbillon grisâtre souffla sur le groupe, et les trois ombres disparurent.

— Oh l'ingrate duchesse! pensa Boleslas... Peut-être ignore-t-elle que je l'aime... Et

Sosthénie, que fait-elle, maintenant?... que fera-t-elle demain?.... après-demain, dans l'éternité?... Oh! celle-là se consolera facilement avec son cornette qui, sans doute, est resté à Varsovie...

Ici, le pauvre sergent songea tout-à-coup à la bizarrerie de son double amour. — Est-il bien vrai que je les aime toutes les deux également?... Allons, ce n'est peut-être encore qu'un chaos de cœur. Le créateur n'a pas encore séparé la lumière des ténèbres... Il fit un grand effort pour achever son analyse; mais les argumens n'arrivaient que diffus, capricieux, inintelligibles. Il sentit que la fièvre était juge incompétent en pareille matière, et qu'il fallait absolument ajourner le procès de son cœur. Il crut cependant avoir saisi un des caractères distinctifs de ses deux affections. C'est l'influence différente qu'exerçait sur chacune d'elles l'éloignement. Il remarqua que l'absence était favorable à la duchesse, la présence à Sosthénie; qu'à côté de Sosthénie il oubliait l'Univers, que loin de la duchesse il oubliait Sosthénie; que dans les bras de

Sosthénie, il eût été chaste par respect, dans ceux de la duchesse, par découragement ; que les perfections de la duchesse avaient quelque chose de fatigant, de sérieux, qui intimidait les sens ; celles de Sosthénie, quelque chose de conditionnel, de local qui ne souffrait ni déplacement ni analyse ; que Sosthénie, faite pour être aimée, gagnait dans le rapport inverse, la duchesse, faite pour être rêvée, dans le rapport direct de la distance. Ceci bien établi, il en déduisit assez logiquement qu'il aimerait Sosthénie en rêvant à la duchesse.

Cette conclusion ne le satisfit pas, car, après tout, il était honnête homme, et ne voulait pas loger deux rivaux à la même enseigne. Il lui vint une idée singulière, celle de se construire une seule amante avec les deux perfections ; ceci décidé, il ferma les yeux et s'envola dans les régions du chaos. Là, il se choisit un vide net, nu, immense. Il fit abstraction de la matière existante, des caprices de Dieu, des faiblesses terrestres, du despotisme de la raison, de tout ce qui constitue les embarras de la logique vulgaire, et se dit commodément, comme le philosophe allemand : *Je suis, donc je veux; je veux, donc je peux; je peux, donc je crée.* Et les ténèbres s'enfuirent devant sa pensée ; le rideau de l'infini se déchira sous les regards de son âme. Il comprit la toute-puissance ; il se fit cause première. Il siffla, et ses deux maîtresses parurent en même temps ; il prit à la duchesse sa blancheur, sa majesté, son auréole d'archange, et les donna à Sosthénie. Il prit à Sosthénie son œil d'aigle, sa bouche amoureuse, sa chevelure d'ébène, sa moue naïvement coquette, et les donna à la duchesse. Il rappela ses sens pour étreindre sa création et la couler dans le moule d'un baiser tout-puissant... Mais il s'aperçut que l'adultère de sa pensée avait enfanté un monstre, et gâté deux chefs-d'œuvre pour construire une absurdité.

— Ma foi, dit-il en retombant sur la terre, Dieu m'est témoin que j'y ai mis de la bonne volonté. Tant pis pour les femmes, tant pis pour mes amours, tant pis pour la logique. Je m'y suis pris de toutes les manières pour marier mes affections, et régulariser l'anarchie de ma tendresse. Est-ce ma faute à moi, si le ciel m'a donné un cœur à double ovaire?... Et il s'assoupit en avouant qu'il ne savait pas encore laquelle des deux il aimait, ou plutôt laquelle des deux il n'aimait pas. Il dormit vingt-quatre heures.

Il se réveilla au frôlement d'une robe de femme, qui sembla glisser sur son front comme un baiser de mère. Il ouvrit les yeux et tendit les bras à sa protectrice; mais ses mains ne rencontrèrent qu'un réseau de soie. Il se frotta les paupières et se vit dans un cotsch soigneusement clos et garni de coussins moelleux. Les glaces toutes ciselées, irisées, brodées à fresque par le froid du dehors et la chaleur du dedans, rendaient à chaque balancement des ressorts, une petite plainte mélodieuse et périodique qui inondait l'âme d'une suave mélancolie, et le corps d'un bien-être indicible. Les poches remplies de provisions, les fourrures entassées au fond de la caisse, une boîte de livres placée sur le devant, un cordon de sonnette suspendu au dais trahissaient ces soins prévoyants, minutieux, délicats dont les femmes du nord ont seules encore le secret.

Boleslas resta plongé pendant quelques minutes dans un étourdissant extase. Il eut de la peine à se rendre nettement compte de ce qu'il éprouvait. Le délire de la veille avait fait place à un affaissement général, à une paresse d'âme qui n'excluait pas le plaisir des sens mais qui leur ôtait l'énergie de l'imagination. C'était une pleine et large jouissance qui ne se souvenait de rien et n'attendait rien ; un roulis monotone qui avait peur de toute analyse, de toute réflexion.

Il porta machinalement la main au cordon de la sonnette ; la voiture s'arrêta et le jour des deux glaces se voila. Boleslas éprouva ce qu'on éprouve quand on rêve qu'on a rêvé. Il fit glisser la glace de droite dans ses rainures, et vit à côté de la voiture immobile, un homme immobile sur un cheval immobile. C'était un officier d'ordonnance qui, la main droite à la cocarde de son chapeau, et la main gauche prêt à serrer la bride de sa cavale baie, attendait les ordres du sergent. Boleslas baissa la glace de gauche, et aperçut une autre statue silencieuse comme la première, attentive comme la première, morne comme la première.

Le jeune homme était fort embarrassé; il ne savait trop s'il avait affaire à ses geôliers ou à ses valets; à tout hasard il demanda au cavalier de droite où ils étaient.

— Je l'ignore.

— Que fait Son Altesse le Czarewicz?

— Je l'ignore.

— Qui vous a placés aux portières de ma calèche?

— Son excellence le général d'armes, Alexandre Rozniecki.

Boleslas frissonna, ses yeux se couvrirent d'un crêpe sanglant, au travers duquel l'intérieur de la calèche lui parut tout tendu de rouge. Le réseau de soie se fit corde de potence; les coussins se hérissèrent de pointes, les flacons portaient des étiquettes de poisons. Les coulisses des glaces grinçaient comme des châssis de guillottine. Le cuir tout ridé riait comme une vieille femme qui vous fait la cour.

Boleslas dissimula sa terreur et continua ses questions.

— Où est la duchesse de Lowicz?
— Je l'ignore.
— L'armée polonaise nous poursuit-elle?
— Je l'ignore.
— Quels ordres a-t-on donnés à l'avant-garde?
— Je l'ignore.

Boleslas pâlit, s'arrêta; puis poursuivit en hésitant :

— Quels devoirs vous a-t-on imposés en vous plaçant auprès de ma voiture?
— Celui d'obéir à vos ordres, d'exécuter toutes vos volontés.

Le sergent s'imagina que l'officier raillait. Il le fixa pour démêler sur sa physionomie le véritable sens de ses paroles; mais il ne lui trouva qu'une expression négative, sérieusement stupide.

— Ce n'est pas possible, pensa le jeune homme... Ces animaux de Tartares ont l'habitude d'envelopper leur tyrannie dans de profonds artifices... Mettons-les un peu à l'épreuve.

— Capitaine, mettez pied à terre.

Le capitaine sauta à bas de son cheval.

— Capitaine, rendez-moi votre épée.

— Nue ou avec le fourreau, demanda l'officier avec un sérieux imperturbable.

— Avec le fourreau.

Le capitaine détacha l'arme de sa ceinture et la remit à Boleslas.

— Capitaine, ôtez vos bottes.

Le capitaine se déchaussa dans la neige. Pour le coup, le sergent n'y tint plus et partit d'un éclat de rire.

— Capitaine, ôtez votre pantalon, dit-il en riant jusqu'aux larmes.

L'officier obéit sans paraître étonné, ni des caprices, ni de l'hilarité du jeune homme, qu'une horrible idée plongea tout-à-coup dans une nouvelle inquiétude. Il serra ses tempes dans ses deux mains...

— Est-ce que je serais aliéné, par hasard?.. Je m'imagine peut-être être général, grand-duc, empereur, pape, diable... que sais-je, moi? Ses regards tombèrent sur un miroir placé presque devant lui, dans la voiture.

La souffrance avait effacé l'incarnat de ses joues, allongé sa face, cerné ses yeux. Il se trouva ressemblant à Nicolas qu'il avait vu à Kalisz, et dont les traits étaient restés profondément gravés dans sa mémoire. — Même profil, même courbure au nez, même œil surtout, se dit-il avec effroi ; même œil à la fois railleur, brutal, et sinistre. Je ne suis pourtant ni méchant, ni soupçonneux... Non... Décidément je rêve ou je suis fou... Cependant... Il fit un effort pour se lever, et en appuyant ses mains sur son siége, il sentit une grosse blague remplie de ducats. Il la prit, la dénoua, palpa l'or avec incrédulité et effroi. Il souleva le trésor pour l'examiner au jour ; la blague était de velours bleu, brodée en argent ; elle portait le chiffre G. II. couronné d'un turban. Il promena ses doigts sur l'étoffe, sur les broderies, sur les cordons, sur les gros glands pendus aux coins ; tout cela lentement, à plusieurs reprises, avec les précautions et la méfiance d'un aveugle-né qui vient de recouvrer la vue, et n'a encore qu'un jugement imparfait à l'égard des formes et des distances.

Une heure entière s'était passée dans ces divagations et dans cette surprise... Il regarda au-dehors ; le capitaine était là, nu, debout, violet, dans la neige jusqu'aux genoux, comme une borne routière oubliée sur le chemin. Boleslas plongea vite la main dans la blague, en retira une poignée d'or et la lui tendit. Le capitaine prit les ducats sans colère ni dédain, et les donna au *mougique*.

— C'est pour vous, capitaine, lui cria le sergent.

— J'ai mes appointemens, monsieur, et ne reçois de gratifications que de l'empereur ou de ses frères.

Boleslas balbutia une excuse, lui dit, tout alarmé, de remettre ses vêtemens, et le pria de monter avec lui en voiture. L'officier obéit sans remercier, comme il avait obéi jusqu'alors sans se plaindre. Le sergent cria au mougique de partir, et le traîneau reprit son vol d'aigle à travers les colonnes de l'arrière-garde que ce délai avait rapprochées. Elles marchaient toujours dans un morne silence, sous l'ombre d'une noire désolation. La nuit tombait déjà ; la neige avait cessé de pleuvoir ; mais une gelée âcre, terrible, raidissait hommes, chars et chevaux. Boleslas eut honte de son bien-être, au milieu de cette cohue de misérables.

Pour éviter le regard de son compagnon de voyage, il colla son front à la glace de la voiture et essaya de saisir les contours fugitifs des colonnes. Elles semblaient toutes se croiser avec le traîneau qui, dans sa marche rapide, avait déjà rejoint l'avant-garde.

Sur les confins de l'auréole blanchâtre qu'encerclaient des masses confuses de toute forme, se dressaient d'épouvantables Titans, la gueule en feu, les yeux saignans, les bras tendus vers le ciel. Sur leurs têtes planait un immense brouillard, puis, bien loin, bien loin, au centre de sept étoiles solitaires étincelait une forêt de torches, de faulx et d'étendards sur laquelle s'appuyait la coupole céleste. La forêt courait, courait, courait sans cesse fouettée par la bise, encouragée par de lugubres clameurs, devancée par un nuage blanc pareil aux grands aigles des Krapaks.

Les Russes résignés fuyaient les yeux collés à la terre.

Le traîneau de Boleslas s'embarrassa dans les traits d'une batterie dont on changeait les chevaux. Il ordonna d'arrêter ; et lorsque ses cosaques eurent réparé le désordre occasionné par cet accident, il recommanda au *mougique* d'aller au pas. Son attention était fixée sur un obusier mieux gardé que les autres. Il aperçut bientôt à travers la palanque de baïonnettes qui le cernaient, un crâne chauve qui luisait au reflet des étoiles comme le couvercle d'une urne. Il reconnut de suite le major Lukasinski, traînant péniblement la chaîne qui l'attachait à l'affût de la pièce. La figure du noble vieillard n'avait rien perdu de sa sérénité céleste ; sa poitrine semblait même s'abreuver avec délices de l'air vif et frais dont elle avait été privée pendant dix ans ; ses membres quoique tiraillés par les fers se dépêchaient de regagner le mouvement qui leur avait été refusé dans les casemates de Zamosc ; mais tout ce courage avait quelque chose d'enfantin ou de convulsif. On voyait que les tortures avaient forcé les muscles et émoussé les organes du vieillard. Parfois ses gestes et ses paroles respiraient la folie. Il répétait souvent qu'on le suppliciait en vain, qu'il ignorait les noms des conjurés, et que d'ailleurs aucune puissance terrestre ne lui arracherait de lâches aveux. Boleslas remarqua un homme à cheval qui semblait recueillir avidement ses incohérentes paroles, et les notait sur un petit portefeuille. Malgré l'obscurité qui devenait d'instant en instant plus profonde, il distingua l'uniforme et les crachats de Rozniecki... Il baissa les stores, s'enfonça dans ses pelisses, se boucha les oreilles, ferma les yeux et tira le cordon de la sonnette. Le traîneau s'élança comme une fusée.

III.

Le sergent ne dormit point de la nuit. Il rêva longuement à sa singulière position, et tâcha de mettre un peu d'ordre dans ses idées. Après de terribles indécisions, des doutes affreux, un pénible examen de ce qui lui était arrivé et de ce qui lui restait à faire, il résuma son passé, son présent et son avenir dans trois dilemnes, et conclut ainsi :

Incontestablement une puissance occulte veille sur moi. Cette puissance ne peut être que de trois espèces, ou bien c'est la duchesse, par amour, ou bien Rozniecki, par politique, ou à la fois la duchesse et Rozniecki, par un intérêt commun entre eux, impénétrable pour moi. Dans le premier cas je suis sauvé, dans le second je suis perdu, dans le troisième je suis en suspens.

Si la duchesse m'aime, je n'ai qu'à lui abandonner mon salut; si le général m'en veut, il ne me reste qu'à me résigner; s'il y a lutte entre l'amour de Jeanne et la haine du vieux sbire, le dénouement sera curieux.

Dans le cas où l'affection de la duchesse m'envelopperait dans sa protection, il serait inutile ou superflu d'en rechercher les causes. L'amour d'une femme est une énigme impénétrable pour la femme même. Eussé-je tort ou raison; fussé-je noir comme le Czar, ou pur comme le Christ; fussé-je puissant comme la foudre, ou faible comme un insecte; beau comme Sosthénie, ou hideux comme le Czarewicz; fussé-je le plus grand ou le plus nul des humains, devant le tribunal d'un cœur de femme je serai toujours Boleslas, avant tout, au détriment de tout, en dérision de tout. J'admets donc, comme corollaire de cet axiôme, que dans l'hypothèse ci-indiquée tous les miracles s'expliquent d'eux-mêmes, et que mon enlèvement, mon couronnement, ma canonisation même, n'auraient rien d'extraordinaire.

Dans le cas où les soins qu'on me prodigue seraient une mesure politique, je devrais en conclure que je suis un homme très-dangereux ou très-important, un grand conspirateur ou un héritier présomptif. Or, je ne me rappelle avoir fait partie d'aucune société secrète, et j'ai bien la certitude de n'être qu'un pauvre diable de sergent au 5me de ligne; on me nomme le bâtard, et je n'ai, en effet, pas connu mes parens. Décidément les préventions de son Excellence se sont trompées d'adresse.

Je penserais plutôt que le général, piqué des dédains de la duchesse, a résolu de se faire son confident pour devenir son bourreau; peut-être encourage-t-il et protége-t-il ses amours, pour la perdre dans l'esprit du Czarewicz. Au fait c'est un monstre capable de toutes les noirceurs, de toutes les infamies; alors accepter ses soins serait me faire son complice, l'instrument de sa trahison, l'assassin de cette sainte Jeanne... que j'aime tant...

Cette dernière pensée tortura beaucoup le sergent qui, au fond, avait le cœur candide et des principes pleins d'élévation et de justesse sur le véritable courage.

— Cependant, se dit-il encore, il faut avouer qu'il y a prodigieusement de fatuité dans mes conjectures. Qui me prouve que cette femme, jeune, blanche, froide et fière comme les géans de glaces qui planent sur le pôle, a jamais pensé à un porte-enseigne au 5ᵉ de ligne. J'ai été son secrétaire pendant deux heures, c'est vrai; mais il est également vrai qu'elle s'occupait si peu de moi qu'elle n'a même pas remarqué que je la dévorais de mes regards, que je la caressais de mes lèvres, que je commettais près d'une duchesse des extravagances dont eût rougi une joueuse de harpe. Il n'est pas douteux non plus, qu'elle m'a laissé geler à la place qu'elle a quittée, assurément peu éprise de ma personne, peu occupée de mon avenir... N'importe, je l'aime, moi, avec fureur, avec déraison, avec une superstition qui égare mon âme et use mon corps.

Et le sergent aussi peu satisfait après qu'avant cette argumentation, résolut de se confier à la fatalité, dieu des cœurs faibles qui abdiquent leurs droits et leur tâche en échange d'un peu de repos. Il continua ainsi son voyage pendant plusieurs jours, tournant sans cesse dans le cercle vicieux de ses suppositions. D'ailleurs, mêmes soins mystérieux, même empressement de la part de son entourage à satisfaire le moindre de ses caprices ; même discrétion dans ses paroles et dans ses actes. Les officiers d'ordonnance qui se relevaient toutes les douze heures aux portières de sa voiture, ressemblaient tous au héros d'obéissance que Boleslas avait mis à une si rude épreuve : ils étaient tous de cette race patiente, dure et servile que les czars ont forgée tout exprès pour leur politique ; race que ne concevront jamais ceux qui n'ont pas servi dans l'armée russe. Leur langage paraissait au sergent parfois profondément artificieux à force d'être stupide. S'il leur demandait où était le Czarewicz, pour toute réponse ils saluaient et lançaient leurs chevaux au galop comme pour l'aller chercher. Le sergent alarmé les rappelait à grands cris. S'il les interrogeait sur la situation de l'armée, sur les mouvemens des polonais, sur les plans des généraux, ils répondaient que l'empereur est tout-puissant et que les rebelles sont des vermisseaux. S'il laissait tomber quelques mots sur la duchesse, tous de répéter que c'était une belle et noble dame, une sainte et glorieuse princesse, une perle d'Orient, une rose printannière, etc. Il hasarda une fois de leur parler de Rozniecki et de leur demander leur opinion sur cet homme étrange; ils lui répondirent que la cavalerie lui devait les uniformes à queue d'hirondelle, et qu'il avait plus de bonheur au pharaon qu'au wisth.

— Décidément, pensa Boleslas, ce sont ou des brutes ignorantes et maladroites, incapables de me comprendre, inhabiles à me deviner, ou bien de perfides surveillans vendus à Rozniecki. Dans le premier cas, il est inutile; dans l'autre, dangereux de me confier à eux. Tâchons de faire nous-même nos affaires.

Le quatrième jour de son voyage, il se fit descendre dans une auberge, au joli village de Kozienice, où les troupes traversaient la Vistule. Quoique très-souffrant encore, il essaya de faire le tour de la chambre pour essayer ses forces; mais il se sentit aussitôt défaillir et fut obligé de se faire porter dans sa voiture. Il fallut se résigner et attendre. Il avait en vain cherché à distinguer le groupe de l'état-major au milieu des colonnes. Il n'avait plus revu non plus ni le major, ni Rozniecki, ni la duchesse. Cependant les attentions, le respect, la sollicitude de ses gardiens, loin de diminuer, prenaient tous les jours un caractère plus flatteur, mais aussi plus importun. Il se voyait à la fois roi et captif, adoré et meurtri, enivré et suffoqué d'encens, comme cette âme de la fable, traînée par le diable dans un filet que la foule prend pour le manteau papal. La curiosité ne se pressait pas sur son passage, car rien n'étonne et n'intéresse une armée russe; mais il ne rencontrait aucun œil qui ne fût baissé, aucun front qui ne s'inclinât. Au milieu des privations générales, à travers des pelotons mornes de froid et de désespoir, dans un camp de spectres où les généraux couchaient sur la neige et mangeaient du cheval, le jeune polonais se voyait comme insulté par un luxe ironique. Il se compara, le malheureux, aux prisonniers blancs, que les Caraïbes engraissent avec des amandes et du cacao avant de les dévorer.

Le corps russe surveillé sans cesse par les insurgés, traversa la Lublinie, et arriva sur le Bug, épuisé de faim, de froid et de lassitude.

Pendant ce long trajet, le sergent avait en vain cherché l'obusier du major; il n'avait pas mieux réussi dans ses informations sur la duchesse et le Czarewicz. Toutes les personnes auxquelles il s'était adressé s'étaient renfermées à cet égard dans de vagues conjectures ou dans une affectation d'ignorance absolue. Deux fois seulement il distingua au milieu d'un groupe, déguenillé et chassé à coups de plats de sabre, le fantôme sinistre de Rozniecki qui, de temps à autre jetait un coup-d'œil sur la voiture. Un jour son inquiète curiosité allait l'emporter sur l'aversion et la terreur que lui inspirait ce renégat. Il appela l'officier qui caracolait à sa portière ; mais la voix lui manqua pour lui signifier son desir, et il le renvoya sous un prétexte absurde.

Le corps était entré en Volhynie ; un morne silence régnait dans les campagnes comme ensevelies dans un tombeau de neige. Les sapins, les bras pendants vers la terre, se perdaient en masses blanches dans un horizon grisâtre, terne, muet. Pas un soupir, pas un cri ne trahissait la vie dans ces vastes déserts que la servitude écrasait de son lourd manteau, et que le souffle de la délivrance hésitait encore à ressusciter. Parfois seulement, de capricieux hourras sortis de dessous terre, allaient se répercuter en sanglots mélancoliques dans l'abîme des forêts. Parfois aussi des colonnes venues du sud-est se croisaient avec les gardes en inclinant leurs drapeaux jaunes ; mais ces rencontres ne provoquaient ni joie, ni enthousiasme ; pas plus de surprise qu'entre deux pelotons manœuvrant dans une revue.

Un jour que Boleslas, assoupi par le mouvement monotone de sa voiture, rêvait que la duchesse toute couverte de sang et le visage dépouillé de chair grimaçait devant lui un sourire d'amour, il fut réveillé par une forte secousse, et se sentit enveloppé dans une trombe de vent glacé. La portière était ouverte, et Rozniecki, debout à côté de la voiture arrêtée, souriait, en soufflant et en frappant ses mains l'une contre l'autre.

— Allons, mon cher sergent, nous voilà débarqués à bon port; nous voilà chez nous; ces stupides rebelles ne nous chatouillent plus de leurs griffes. Alertes... descendez et entrez vous chauffer chez monseigneur Marchocki... c'est un magnifique potentat... Il vous traitera en véritable gentilhomme, voyez-vous.

Et le vieux satyre riait toujours, faisant claquer ses mains contre la peau tendue de sa culotte d'élan.

Boleslas encore étourdi recula d'abord jusqu'à l'angle opposé de sa voiture, bâilla, se frotta les paupières, rassembla les lambeaux d'idées qui valsaient dans son cerveau, et comprit enfin qu'il fallait descendre. Ce fut pour lui un insupportable supplice, une profonde et douloureuse alarme. La tortue ne se détache pas avec plus de regrets de sa caparace, l'exilé ne quitte pas avec plus d'amertume le sol qu'il a arrosé de son sang.

Après s'être lentement défait des paquets de manteaux et de fourrures dans lesquels il était enfoui, il glissa une jambe hors de la voiture, mais il la retira de suite sous prétexte qu'il éprouvait de fortes douleurs dans la cuisse. Rozniecki fit avancer aussitôt une espèce de litière et lui tendit la main.

Le sergent honteux, et de très-mauvaise humeur, fut enfin obligé de descendre ; mais quoique entièrement rétabli, il ne put se soustraire aux importunités de cette ovation.

Comme il jetait un dernier regard d'adieu à cette commode et douce calèche où il avait dépensé toute une phase de paresseux somnambulisme, un grenadier lui glissa une lettre cachetée qu'il cacha précipitamment sous sa pelisse. Cet incident l'empêcha de porter son attention sur ce qui l'entourait... Il ne sortit de sa rêverie qu'au milieu d'un cortége de figures sérieuses et bizarres qui ouvraient son entrée dans l'intérieur d'une miniature de forteresse. En deux minutes, il se trouva devant un château dont l'immense façade plissée en forme de paravent plongeait par ses ailes dans la forêt. Le plateau où était assis cet étrange bâtiment, servait de terre-plein au petit polygone bastionné qui représentait la place forte. Les parapets hauts à peine de trois pieds étaient bâtis en brique de toute couleur. Dans l'angle de chaque bastion se promenait gravement un ours en uniforme écarlate. Des canons en bois doré armaient les remparts, et des faisceaux romains en jalonnaient les contours.

Parvenu au pied de la façade, le cortége s'arrêta, et Boleslas remarqua un fossé étroit comme une ruelle de lit, mais très-profond, sur lequel s'inclinait un pont-levis d'acajou, suspendu par quatre grosses chaînes en argent. Les créneaux de la façade se garnirent de hérauts habillés à la romaine, et un long hurlement de cors et de trompettes retentit dans tous les pavillons du château. Le chef du cortége prononça quelques paroles bizarres qui lui furent rendues par une trompe marine, et le pont-levis en s'abattant sur le fossé, démasqua une longue enfilade d'arcades, au fond de laquelle, sur un bleu d'azur, tremblottaient sept étoiles figurant la grande-ourse.

— Où suis-je enfin? s'écria le sergent impatienté.

— Dans le royaume de Minkowce, entre le pôle du nord et le tropique du Cancer, lui répondit une voix.

Le sergent n'osa faire une seconde question; il était hébété, anéanti. La litière, précédée et suivie d'une foule silencieuse, tournait à travers des colonnades d'une hauteur prodigieuse qui semblaient se perdre dans un vague Éther sur lequel étaient groupées les douze constellations du zodiaque. A chaque série nouvelle de colonnes, le cortége s'arrêtait pour changer de costume selon la saison dans laquelle il paraissait entrer. Boleslas seul, dispensé de se soumettre à ce pénible cérémonial, s'y trouva bientôt obligé par l'élévation graduée de la température qui, à la cinquième constellation, devint tout-à-fait insupportable. Il demanda donc à quitter la litière, et échangea ses habits contre un voile de gaze. Le cortége reprit sa marche à travers un brouillard de vapeur et au bruit d'une cascade que Boleslas n'aperçut qu'au détour de la sixième constellation. Une trombe d'eau se précipitait avec fracas par un soupirail pratiqué dans la voûte, sur un énorme poêle de bronze figurant le cône échancré d'un volcan. Le liquide, tombé sur le métal ardent, rejaillissait en prismes nuageux à travers lesquels se décomposait en arc-en-ciel la lumière d'un lustre immense, suspendu dans une région dont une habile illusion d'optique empêchait de saisir la véritable distance. La réverbération, l'insupportable éclat, jusqu'aux taches de cet astre artificiel, imitaient d'une manière effrayante le pivot de l'Univers. Au centre de son disque semblait assis un vieillard habillé de rouge; mais les yeux n'en pouvaient toucher que les contours, à cause de l'auréole enflammée qui enveloppait toute cette énigme.

Sur les gradins d'une incommensurable

échelle d'albâtre étaient rangées par hiérarchies, les trônes et les dominations drapées dans des nuées d'encens et de vapeur.

Des sons lointains semblaient voler sur les cordes de leurs harpes d'or ; mais le bruit assourdissant et la masse évasée de la cascade noyaient sons et formes dans un orage cahotique. Les murs, comme transparents, livraient au regard un horizon sans limites. Une création pullulante, infinie, complète s'agitait dans cet orbe dont l'immensité effaçait la perspective ; seulement toute cette fantasmagorie avait une teinte maladive et forcée qui semblait d'un autre monde.

Boleslas, ébloui par ce cauchemar, se crut sur Saturne ou sur Mercure, plus loin ou plus près de l'ardeur solaire, sur quelque planète à physionomie étrange, incompréhensible pour des sens terrestres...

Mais tout-à-coup la chaleur diminua, la clarté pâlit, l'arc-en-ciel s'allongea en parabole oblique, en arc débandé, en courbe insensible, puis en bande d'une seule couleur, puis en simple rayon perdu dans le brouillard de l'éther des voûtes supérieures. Le cortége commença une série descendante de travestissemens, inversement pareille à celle qu'il avait subie pour arriver à l'équateur, et Boleslas sentit le besoin de l'imiter. A la sixième constellation descendante, le sergent se retrouva avec étonnement à l'endroit d'où il était parti, ou au moins dans un lieu exactement semblable. Il se dressa sur son séant pour s'assurer s'il était bien réellement sur sa litière, aux portes du château, enveloppé dans sa pelisse par vingt-deux degrés de froid.

— C'est pourtant vrai, se dit-il après quelque réflexion. Ah ça! s'écria-t-il tout haut, où diable sommes-nous donc, tonnerre de D...

— Dans le royaume de Minkowce, entre le pôle du sud et le tropique du Capricorne, répondit une voix déjà connue. Nous approchons des limites du monde habitable, et vous allez voir l'aurore boréale qui brûle d'une lumière éternelle au bout de l'axe terrestre.

En effet, un long sifflement se fit entendre,

et les ténèbres de la nuit, tombée depuis deux heures, se déchirèrent avec un fracas épouvantable pour laisser entrevoir des gerbes de feu, couronnées d'un baldaquin écarlate. Sous ce ciel embrasé se dressa une forêt poudrée à blanc. Chaque étincelle des gerbes retombant à terre allumait la tête d'un sapin, et en trois minutes toute la forêt fut illuminée. Cet immense incendie dessina sept sillons droits ouverts à perte de vue, à travers les futaies, et qui se concentraient sur une clairière ovale comme sept glaives flamboyants sur le cœur de la vierge Marie.

— Voulez-vous chasser l'ours blanc, demanda au sergent qui ne pouvait revenir de son égarement un palefrenier déguisé en Pollux, en lui présentant la bride d'un magnifique étalon bessarabien.

— Est-ce qu'il y a des ours blancs, ici?..

— Mais certainement, il y en a bien dans les mers arctiques, pourquoi n'y en aurait-il pas dans les mers antarctiques?... Vous savez que les deux extrémités de l'axe terrestre reposent sur des têtes d'ours et que la queue du grand Leviatan est un ours femelle.

— Cela ne peut être qu'une maison de fous, se dit Boleslas en montant machinalement à cheval ; on m'a cru sans doute aliéné...; et l'horrible inquiétude qui l'avait tourmenté pendant son voyage s'abattit de nouveau sur son cerveau avec redoublement de malaise et de terreur. Comme il levait la tête, une comète suivie d'une chevelure étincelante d'or, de perles et de rubis, traversa les sept sillons de lumière avec une effrayante vitesse. A force de regarder, le sergent reconnut dans cette brillante traînée, un magnifique cortége de chasseresses lancées sur les traces d'un cheval blanc sur lequel piétinait une fille vêtue en Diane, le carquois sur l'épaule et un énorme croissant de diamans sur le front. Le jeune homme ne démêla bien ces détails qu'au retour de la cavalcade qui, dans sa course parabolique, imitant un chevelu, passa et repassa devant l'ovale symbolique pour se perdre ensuite dans les profondeurs de la forêt.

A ce signal, plus rapide que l'éclair, plus

sympathique qu'une étincelle électrique, cent mille fusées s'envolèrent vers le zénith, cent mille voix éclatèrent dans l'espace, cent mille notes répétèrent le râle des fanfares, et les taillis émus dans leurs entrailles vomirent une armée d'ours, d'élans, de buffles et de sangliers.

Les chasseurs, travestis en centaures, s'alignèrent, puis s'arrondirent en fer à cheval, se pressant, se resserrant sans cesse autour de la sauvage peuplade qui, fascinée comme une nuée de phalènes par la lumière bleue de l'ovale, courait vers ce foyer ardent en hurlant de désir et d'amour.

L'ovale clignota comme un œil qui provoque une caresse, et une ombre mobile en éclipsa la moitié.

Le sergent poussé par la curiosité suivait les chasseurs qui, dans leur battue concentrique, étaient arrivés à une portée de pistolet de la clairière, refoulant devant eux le noir troupeau.

Alors Boleslas aperçut les chasseresses, rassemblées en demi-lune autour de l'ovale.

Au milieu, debout sur une cavale blanche, planait la Diane de cet étrange olympe. Son abondante chevelure noire séparée en deux nattes inégales, tombait sur ses tempes, remontait derrière sa tête et venait se nouer en large couronne d'ébène sous le croissant de diamans qui éclairait son front; son nez légèrement arrondi au bout, découvrait une toute petite bouche où semblait dormir un baiser éternel. Son teint bruni et sa noble stature prêtaient à tout son être une majesté superbe qui contrastait avec le rôle qu'elle semblait avoir accepté dans cette incompréhensible comédie. Ses yeux aussi noirs que ses cheveux respiraient un tel empire, que les bêtes fauves cernées de toute part rampèrent jusqu'aux pieds de son cheval et s'arrêtèrent là, immobiles de peur et d'adoration; mais lorsqu'elle les leva sur les chasseurs qui, les bras prêts, n'attendaient que son signal pour frapper les victimes, son regard se troubla, son sein se gonfla de honte, son front s'empourpra sous les feux des diamans, et elle tomba assise sur la croupe de sa monture... Elle fit un signe à ses suivantes, et disparut dans l'épaisseur du bois.

Aussitôt les bêtes, comme dégagées de leur frein, écument et rugissent en bondissant dans tous les sens. Les chevaux des centaures se cabrent d'effroi; tout ce troupeau de valets travestis, aux visages desquels la peur colle des masques de plâtre, tournoie et oscille sous le regard féroce des sangliers. Il y eut un instant de transes indicible; puis cris, râles et hennissemens se fondirent dans un rire immense. Les sangliers riaient, les ours riaient, les élans riaient, la forêt riait aux éclats; les centaures riaient aussi, d'un rire honteux et stupide. Boleslas seul ne riait pas... Il avait reconnu Sosthénie dans la Diane de ce carnaval de fous et de dupes. Il se sentait fatigué et chagrin; il cherchait une issue à travers cette ménagerie de dieux et de bêtes; mais il fut aussitôt entouré, poussé, emporté par la foule; il fallut répondre aux complimens des ours, aux œillades des tigresses, aux observations des onagres. Il demanda avec anxiété son *Cicerone*, mais en vain; le docte astronome, machiniste du système planétaire, était parti sur une comète pour moucher les mèches du soleil et éteindre la voie Lactée. Il était même question d'un grave dérangement dans les rouages de la terre, et les Vulcains, assemblés à son de trompe, reçurent l'ordre de redresser l'axe du globe et de rétablir l'obliquité relative de l'écliptique qu'avait dérangée le va et vient continuel des constellations.

Il s'engagea à ce sujet une singulière dispute entre les centaures et les tigresses. Celles-ci prétendaient que le bon Dieu détruisait lui-même l'harmonie de sa création par son inconstance et ses caprices ; qu'il faisait manœuvrer la coupole céleste comme un escadron de hulans, pour voir tantôt la face tantôt le revers des étoiles ; que dans l'indécision de ses banales tendresses, il faisait rebrousser chemin à tout l'Univers pour revoir quelque méchante étincelle clignotant tout au fond de l'éther, ou bien pour retarder le retour d'une favorite négligée.

Cette audacieuse censure fut le signal d'un charivari de réclamations et de sarcasmes. Les ours femelles qui marchaient gravement, à l'arrière-garde, protestèrent contre l'arbitraire des métempsycôses. Elles se plaignirent amèrement de la rapidité avec laquelle on les avait fait descendre du rang des archanges à la famille des quadrupèdes. Une d'entre elles énuméra rapidement les races successives qu'on lui avait fait traverser afin de l'écarter du paradis où elle avait jadis trôné. C'était à révolter un capitaine Sprawnik. De séraphin, elle était devenue sainte, puis syrène, puis bacchante, puis femme, puis orang-outang, puis autruche, puis chameau, puis statue, puis capucin, puis sentinelle, puis ourse de la mer glaciale. Une autre avait commandé les évolutions célestes tandis que sa sœur introduisait les novices au sanctuaire de l'Éternel. Celle ci avait présidé à la fête des saturnales, celle-là au jubilé de la création; toutes, autrefois admises dans les douces régions du foyer solaire, avaient été successivement reléguées dans les Limbes, dans le Tartare et hors du Tartare, au clair des véritables étoiles par vingt dégrés de froid.

C'était criant d'ingratitude...

Les centaures, auxquels des Tritons venaient d'apporter du schnaps dans des conques de faïence, prirent chaudement la défense de la Providence.

Ils soutinrent à leur tour que l'insubordination et les cancans des constellations avaient justement irrité le bon Dieu; que le maître des cérémonies, bien que renard vieilli dans le métier, avait une peine infinie à les retenir dans leurs orbes respectifs; qu'elles quittaient sans cesse leurs groupes, pour se rapprocher du tabernacle où sept archanges bien faits et vigoureux soutiennent le siége de Dieu; que dernièrement la vierge et les gémeaux s'étaient dispersés, et que quelques-unes de ces dames avaient poussé l'indiscrétion jusqu'à se glisser dans les soupapes de l'enfer avec l'intention de surprendre les secrets du mécanisme de l'Univers; que pour les punir de leur curiosité, messire Wopata, machiniste du système, les avait métamorphosées en crapauds, et que c'était sans doute pour quelque péché semblable que les plaignantes avaient été condamnées à courir les bois.

Cette bizarre querelle absorba un instant le sergent, au point qu'il ne s'aperçut pas du chemin qu'on lui faisait faire, et il fut passablement surpris de se trouver dans un appartement, clos, chaud et silencieux. — Un large sopha recouvert d'une peau d'élan occupait le fond de la chambre, et invitait notre héros à un repos que les fatigues de la nuit, déjà à demi-écoulée, réclamaient avec instances. Boleslas se jeta tout habillé sur sa couche, sans songer à examiner les autres meubles de son gîte. Il rêvassa vaguement au passé, pressa sur ses lèvres l'ombre de Sosthénie, enroula la peau d'élan autour de ses reins, et s'endormit profondément au tic-tac monotone d'une horloge colossale qui coiffait une statue de bronze représentant Pugatscheff.

Le sergent rêva à tout et à rien. La vie s'était tant moqué de lui, qu'il ne savait plus distinguer la réalité du songe. Il vit des gnomes, des larves, des femmes nues; il vit le diable comme l'avait vu Luther dans sa prison de Worms. Il vit le grand-Duc

Constantin dansant la cosaque avec le fantôme de Catherine II. Il vit le czar Nicolas, embroché sur une lance polonaise, devant un brasier, donner des chiquenaudes aux charbons ardens, et il l'entendit discuter gravement sur l'ordre profond et sur l'ordre mince avec l'infernal marmiton qui l'arrosait de plomb fondu. Il vit des êtres d'un sexe neutre riant des difformités de l'homme et de la femme. Il vit un petit vieillard emporter l'univers sur ses épaules, et éteindre le soleil en crachant dessus... Puis il ne vit plus rien du tout.

Quand il ouvrit les yeux, une des aiguilles de l'horloge montrait le zénith, et l'autre le nadir.

— Onze heures et demie, j'ai ma foi bien dormi ; et tout en faisant cette réflexion, le jeune homme tira un cordon qui se trouvait à portée de sa main.

Un grand laquais, en livrée verte et or, entra et se planta aux pieds du sopha.

— Chez qui suis-je ? demanda Boleslas.

— Chez vous, monsieur, ce me semble.

— Tu te moques de moi, animal.

— C'est possible, monsieur.

— Tais-toi, chien, tu abuses de ma patience?

— C'est possible, monsieur.

— Va dire au propriétaire, au majordome, à l'intendant, que sais-je... va dire à tous les diables de cette chaudière ensorcelée de venir me parler... de suite, de suite, entends-tu? ou je mets le feu à la baraque... Et il se leva avec furie, renversa les chaises, brisa deux magnifiques vases de porcelaine chinoise, et se heurta contre l'impassible statue du bandit Zaparogne. La nature tartare se réveillait en lui.

Le valet s'enfuit.

— Décidément il est temps que tous ces mystères finissent, se dit-il en bondissant d'un mur à l'autre; je veux savoir au moins si je suis dans une prison ou dans un hôpital de fous! Ses yeux égarés voltigeant du plafond au parquet, et de la statue à la porte, tombèrent par hasard sur un petit billet roulé et sali, suspendu à l'un des glands du sopha. Il se rappela qu'un soldat le lui avait glissé la veille dans la main, et que ses distractions l'avaient empêché de le lire. Il le décacheta avec une sorte de tremblement, et reconnut une écriture de femme.

On lui écrivait :

« Confiance, patience, tes amis veillent sur toi; s'ils ne se revèlent que par interprètes, c'est qu'ils ont de grands intérêts à ménager ; mais reconnais leur main dans tout ce qui t'entoure. Quand un flocon de neige tombe et fond sur ton cou, c'est un baiser d'ami; quand une feuille morte crie sous ton pied, c'est un soupir d'ami; quand un pâle rayon de soleil joue avec ta prunelle, c'est un regard d'ami; quand la bise siffle à travers les sapins, c'est un appel d'ami. Confiance, patience... ». Ni date, ni signature.

Boleslas se calma un peu et pensa à la duchesse. Un fond de dépit et d'amertume se mêlait à ces souvenirs. L'image de Sosthénie l'aurait consolé, peut-être, si les ridicules circonstances de la veille, n'avaient ébranlé l'estime qu'il avait eue jusqu'alors pour cette belle et noble fille.

Comme tous les cœurs vains et légers, Boleslas préférait, dans une femme, une faiblesse ou un crime à une extravagance. Au reste, la conversation des ourses et des centaures lui avait donné une idée si révoltante des habitans du royaume de Minkowce, que son indignation à l'égard de Sosthénie, était très-excusable. Il tâcha d'oublier tout-à-fait la Diane au croissant de diamant; mais il s'aperçut que la chose n'était pas si facile... Il fit deux ou trois fois le tour de la chambre, puis s'arrêta, puis se remit en voyage, puis s'assit, puis se leva, puis secoua la tête pour en chasser des souvenirs importuns.

Comme il reprenait pour la cinquième fois sa course elliptique autour de la statue de bronze, la porte s'ouvrit, et un grave personnage en manteau d'hermine, en bonnet fourré, en bottes jaunes et un nerf de bœuf à la ceinture, entra, tenant un immense tuyau de pipe à la main.

—Monseigneur, dit-il, Sa Grandeur le souverain et autocrate du royaume de Minkowce, des principautés de Chocim et de Mohylew, des fiefs tributaires de Serby et de la ligne du

Dniester, étant en conférence avec ses ministres, m'a chargé de vous témoigner les regrets qu'elle éprouve de ne pouvoir vous faire en personne les honneurs de ses domaines. En attendant qu'elle puisse vous entretenir en particulier, elle m'a commandé de vous proposer un voyage en traîneau le long des frontières de la république, afin de soumettre à votre jugement les lignes de défense et les préparatifs d'attaque que le connétable a ordonnés contre la prochaine invasion des Samoïedes et des Tartares. Le Czar de Kazan, de Moscou et de Pétersbourg, s'étant constitué leur allié, nous avons prévenu ses douteuses intentions en lui déclarant la guerre. Quoique vous soyez uni à ce potentat par les liens du sang, nous savons que vous en êtes séparé par des considérations d'intérêt, et nous avons poussé la pénétration jusqu'à vous soupçonner capable de nous aider de vos lumières et de votre puissance, dans la lutte qui va s'engager entre les Czars du nord et le royaume de Minkowce.

Boleslas moitié impatienté, moitié gai,

leva les yeux sur le grave messager, et reconnut au bredouillement de sa langue et aux oscillations de son ventre, qu'il était complètement ivre.

— Vénérable nonce, répondit le sergent, en contrefaisant la voix et le balancement du vieil ivrogne ; en effet, quoique uni au Czar de Moscou et de Kazan par les liens du sang, je suis tellement indigné de ses usurpations et de sa tyrannie, que je n'hésite pas un instant à m'associer à votre cause. Je mets aux ordres de votre connétable toutes mes troupes, et à la disposition de votre ministre des finances tous mes trésors ; prenez, taillez, remuez, transvasez, incorporez puissance dans puissance, disposez de mon crédit et de mes richesses...

— Et en échange de ces éminens services, que demande Votre Altesse?... car, hélas ! tout est marché dans ce monde !...

— D'abord à déjeûner ; car, je vois que dans votre royaume céleste, on a à-peu-près toutes les faiblesses humaines ; ensuite, un entretien raisonnable avec quelque créature de mon espèce, avec une tête vulgaire, mais saine, que n'aient encore étourdie ni l'encens des séraphins, ni les œuillades des tigresses ; entendez-vous, compère ?...

—C'est faisable, monseigneur, suivez-moi, s'il vous plaît, à travers le couloir des *périls*, d'où nous descendrons par la voie Lactée dans le comté de *Momus*; et le gros majordome ouvrit la marche en entonnant en fausset une espèce d'hymne bachique en idiôme Russien.

Boleslas s'avança sur ses traces, et après nombre détours et évolutions, il se trouva dans une immense antichambre encombrée de chasseurs et de laquais. Il tâcha de s'orienter par rapport aux parties du château qu'il avait déjà parcourues, mais ses données géographiques étaient tellement vagues, et ses souvenirs si bien embrouillés, qu'il ne put se rendre aucun compte de sa situation.

Comme il mettait un peu d'ordre à sa toilette, la porte du salon s'ouvrit, et un jeune homme mis à la française demanda aux laquais si M. le vicomte Boleslas de Saint-Priest n'était pas encore venu. Le sergent ne pouvant se douter qu'il fût question de lui, continua tranquillement à brosser son pantalon et à plisser sa chemise. Les laquais répondirent que personne de ce nom ne s'était encore présenté.

Deux minutes après, une personne en habit noir boutonné, avec un crachat sur la poitrine, entra et fit la même question; puis, sans attendre la réponse des valets, courut droit au sergent et le prit par le bras.

— Que diable, mon cher vicomte, voilà une heure que vous nous faites attendre. Est-ce que messire Wopata ne vous a pas annoncé que le déjeûner était prêt?...

Boleslas, pâlit, balbutia, et se sentit défaillir. La personne au crachat était son excellence le général d'armes Alexandre Rozniecki. Le malheureux sergent se laissa traîner par son mauvais ange, à travers les chuchotemens et les sourires des laquais. Lorsqu'il fut un peu revenu de sa surprise, il se trouva dans une salle resplendissante de glaces et de bronzes, devant une table de deux cents couverts. Les groupes formés çà et là, se séparèrent aussitôt pour courir au-devant de lui. Le pauvre jeune homme encore pâle et tremblant fut reçu avec des marques de prévenance et de respect qui achevèrent de le déconcerter ; cependant, la plupart des convives en élégantes vestes de chasse et en bottes éperonnées, semblaient inquiets et impatiens, et après avoir salué profondément le nouveau venu, allaient aux fenêtres pour observer une armée de chevaux et d'écuyers qui noircissait la plaine. Boleslas remarqua bientôt que son trouble faisait mauvaise impression sur tout le monde. Il essaya de se dominer et de secouer son malaise, mais tous les efforts qu'il faisait pour obtenir ce résultat ne servaient qu'à augmenter ses alarmes, et il lui fallut un véritable héroïsme pour se soutenir sur ses jambes. Il demanda un verre de vin qu'il ne put entamer. Le bord du vase claqua contre ses dents, et il répandit la moitié de la liqueur sur son habit. Il était pourtant brave, et dans toute autre circonstance, il n'aurait manqué ni de résolution, ni de sang-froid. Pour se donner une contenance quelconque, il posa la main sur un trophée d'armes et d'étendards qui croula avec fracas sur la table et brisa la moitié des cristaux. Cette maladresse au lieu d'être accueillie avec moquerie, fut reçue avec une douloureuse sollicitude qui dérouta toutes les conjectures du malheureux sergent. Il se vit à l'instant même, entouré, interrogé, porté dans un fauteuil avec les précautions et les soins respectueux que l'on prodigue aux papes mourans. — Son Excellence ne s'est-elle point blessée ?... Son Excellence souffre-t-elle toujours ?... Son Excellence me reconnaît-elle ?... Désirez-vous vous retirer chez vous ?... L'odeur des mets, le cliquetis des fourchettes, notre conversation ne l'importuneront-ils pas ?... Parlez, parlez, monseigneur... tout est ici à vos ordres ; tous les dévouemens, tous les sacrifices dépendent ici d'un seul de vos gestes.

— Est-ce que cela serait par hasard le second acte de la comédie d'hier, dit enfin, avec colère, Boleslas, chez lequel ce coup de grâce avait déterminé une crise réactive. Serai-je long-temps encore votre marotte ou votre bouffon, messieurs ! s'écria-t-il, en se jetant sur un énorme couteau de chasse planté dans un quartier de chevreuil. Si je suis votre prisonnier, tuez-moi, mais ne m'insultez pas. Vous êtes tous de misérables histrions, et je ne lâcherai ce couteau qu'après que sa pointe aura sondé s'il y a des entrailles d'hommes sous ces vestes de danseurs, et des cervelles sous ces frisures de filles!... Foudre du Ciel!... et il sauta par-dessus la table, et courut droit à Rozniecki, qui disait à un grand et pâle jeune homme, aux allures de médecin :

— Décidément, il faut ajourner la partie. Il faut attendre qu'il soit entièrement rétabli. Combien de temps dure ordinairement le dérangement cérébral, produit par le réfroidissement des vertèbres?

— Cela dépend de la gravité du cas, et des mesures que l'on a prises dans le principe, répondit le docteur, en saisissant tranquillement le poignet de Boleslas, et en en faisant tomber le couteau. Je pense que le resserrement des organes stomachiques irrite l'humeur du patient, et qu'il serait urgent de lui faire prendre quelqu'aliment.

— Votre Excellence se sent-elle de l'appétit?

— Oui, dit avec une grimace, Boleslas, réduit à la raison par la pression herculéenne qu'exerçaient sur sa chair les doigts musculeux de l'homme de l'art.

— Son Excellence daignera, sans doute, se placer à côté de moi, continua l'impassible Esculape, en entraînant le sergent vers le haut bout de la table et en le logeant dans un fauteuil à bras, à ressorts et à roulettes.

— Où vous voudrez, et comme vous voudrez, monsieur, répliqua le patient, auquel une minute de pénétration lucide avait fait comprendre que toute résistance serait inutile.

Le repas fut triste. Quatre poulains, six chevreuils et deux sangliers rôtis en entier occupaient le beau centre de la table. Autour de ce fort dominant, s'étageaient par groupes incalculables trois chemins couverts de plats de toute grandeur et de toute espèce. La terminologie et la classification zoologique pâlirait devant l'énumération de ce pandémonium trépassé où se jalousaient sous d'immenses couronnes de gui et de laurier-rose, toutes les richesses de la basse-cour, de l'étang, du parc et de la steppe. Tout ce qui vit en société, tout ce qui peut se tuer par compagnie, par couvée, par famille, gisait là, en masse dans un cimetière d'argent. Les grosses pièces étaient suspendues au plafond par des chaînettes, afin de ne pas écraser la table sous leur poids. Les gelées coulées dans des moules de cristal formaient la collerette extérieure de ce service Momérique, et quatre barriques d'or placées aux quatre coins de la table, contenaient des cervelles de caille, des foies d'oie, et des poitrines de faisans confits dans de la choucroûte épicée. Ce premier service, laissé presqu'intact, fut remplacé par des crèmes froides et des confitures sèches auxquelles on ne toucha pas non plus. Les vins de Tokaï, de Champagne et de Chypre, faisaient tout les frais du repas. Vers la fin du dessert, on introduisit un énorme bôle fumant, que quatre valets eurent de la peine à soulever au niveau de la table, contenant un mélange de thé, d'arak et d'épices, auquel on pouvait indifféremment donner le nom de punch, de czay ou de bischoff.

Boleslas remarqua que cette folle profusion, n'étonnait et ne tentait que deux ou trois gloutons, en uniforme russe, qui, à l'apparition de chaque nouveau service, poussaient une exclamation et bondissaient sur leurs siéges en se signant. Une réserve obligée semblait régner sur toutes les figures, et sans qu'elle pût être prise précisément pour de la crainte ou de l'embarras, il était facile de deviner qu'elle avait son principe dans quelque déception générale. A peu-près vers le milieu du repas, Rozniecki, à la suite d'une conférence à voix basse avec ses voisins, fit un signe à un aide-de-camp qui sortit aussitôt. Cinq minutes après, la plaine, jusqu'alors émaillée de lances, de kolpaks et de crinières, commença à se dégarnir. Des échos mélancoliques retentirent dans l'espace ; des bruits d'un caractère indéfinissable murmurèrent au-dessus et au-dessous des convives. Toutes les tempes se plissèrent, toutes les lèvres se serrèrent, tous les yeux se cachèrent dans les cavités des orbites, toutes les mains se promenèrent avec impatience de la table aux poitrines pour y chercher des cœurs, puis des poitrines aux fronts pour y chercher une pensée. Cette étrange gesticulation ne sortait pourtant pas des limites d'une décente inquiétude, et eût passé inaperçue devant un témoin un peu moins intéressé que ne l'était le sergent, qui, d'ailleurs tout-à-fait résigné, attendait en vidant verre sur verre, le dénouement de l'énigme.

Quand les dernières notes des fanfares se furent perdues dans la forêt, la porte s'ouvrit à deux battans, et une voix d'enfant annonça Sa Grandeur l'autocrate du royaume de Minkowce. Tous les regards jusqu'alors courant autour de Boleslas, se dirigèrent vers la porte, et les deux cents convives se levèrent comme d'un commun accord. Un petit page montra sa figure rose chiffonnée, et disparut derrière un grand et majestueux vieillard en simarre rouge. Le vieillard était coiffé d'un grand chapeau à la Bolivar, chaussé à la grecque et armé d'un grand tuyau de pipe, en cerise odorante, auquel une énorme embouchure d'ambre blanc, donnait l'aspect d'un sceptre ou d'une crosse d'évêque. Ses cheveux blancs tombaient en larges flocons derrière ses oreilles; sa bouche railleuse, coupant en biais le bas de son visage, semblait une dérision sans fin, un blasphème diabolique sur une balafre humaine; tout le mauvais génie de l'homme était là, car, quant à ses yeux brillans et limpides comme de grosses gouttes de rosée, ils respiraient une si douce bienveillance, une majesté si calme et si sensible à la fois, que l'observateur qui aurait voulu y lire la pensée du vieillard, se serait amendé, sans oser continuer son analyse.

— Que le Christ soit béni ! mes maîtres, dit le vieillard en entrant, sans courber ni découvrir sa tête.

— De siècle en siècle, seigneur, répondirent en chœur les convives en s'inclinant avec onction.

— Général, continua le vieillard en s'adressant à Rozniecki, il paraît que vous avez renoncé à la grande chasse que vous vous étiez proposée, pourrais-je connaître les motifs de ce changement?... Et en même temps, les regards de messire Marchocki (car c'était lui même), se fixèrent avec curiosité sur Boleslas qui, étourdi par le Tokaï, causait tout haut avec une tourte d'ananas placée devant lui.

— Son Altesse n'étant pas encore entièrement rétablie, nous avons cru devoir remettre la partie à un jour où elle pourra partager nos plaisirs.

— Le général est un sot, s'écria en fausset le sergent, son Altesse se porte mieux que vous, et peut vous donner des preuves de sa parfaite santé quand bon vous semblera.... entendez-vous, mouchard à crachats ?...

Des murmures mêlés de sourds ricannemens se firent entendre parmi les convives. Rozniecki se mordit les lèvres jusqu'au sang, puis montra d'un geste que la tête du sergent n'y était plus. *In vinum veritas*, s'écria le petit page, en sortant sa face friponne des plis de la robe du vieillard.

— Taisez-vous, Stas, dit gravement Marchocki, en faisant un signe au général, qui, accompagné de quatre ou cinq personnes, quitta la salle et suivit le vieillard dans un appartement voisin.

Les autres convives abandonnèrent la table et se dispersèrent en partie. Quelques-uns des plus jeunes s'approchèrent de Boleslas, et une bruyante conversation s'entama. On parla beaucoup et longuement de la révolution récente de Pologne. Le sergent défendit chaudement les droits des opprimés. Le docteur voyant que son patient se donnait un violent tourment pour prouver ce que personne ne contestait, proposa un tour de parc.

— Un tour de royaume, un voyage sur les frontières, reprit avec hauteur messire Wopata qui venait d'entrer suivi d'un peloton de laquais chamarrés, pour enlever les débris du repas.

— Soit ! un voyage sur les frontières, si vous l'aimez mieux.

Tout le monde sortit.

IV.

Une vingtaine de traîneaux plaqués en ébène et en argent, recouverts de tapis d'Ispahan et attelés chacun de quatre cerfs dressés, attendaient dans une clairière. Boleslas monta avec le médecin dans le premier. Les autres personnes les imitèrent, et la véloce caravane prit tout entière son vol d'ouragan vers la droite, en longeant une série de pavillons, de chapelles, de kiosques, de coupoles vernies, dorées, étincelantes, rondes, coniques, plates, pointues, de toute forme, de tout ordre et de toute grandeur. Malgré son ardente curiosité et son inquiète attention, le sergent ne saisit dans cette masse d'habitations qu'un nuage irisé, qu'une traînée d'étincelles pareille à la queue d'une fusée ou à un spectre solaire qui tourne sur lui-même.

La rapidité du traîneau effaçait les contours, confondait les nuances, prévenait la vitesse de la lumière. Boleslas obligé de détourner la tête pour n'être pas suffoqué par les rafales d'air glacé qui se brisaient contre son visage, ne sentit se ralentir la course du traîneau que lorsque le massif de la forêt eut caché l'aile du château. Il demanda à son compagnon où ils étaient ?

— Chez messire Marchocki.

— Je le sais bien, mais dans quelle partie de ses domaines ?...

— Pour le moment, dans une grande plaine déserte qu'il appelle sa Tartarie. Tout-à-l'heure nous allons arriver aux confins de cette espèce de Steppe. Nous longerons les fossés et la ligne des poteaux armoriés qui jalonnent les frontières du prétendu royaume, et dans deux heures nous serons de retour au château.

— Enfin, je trouve ici quelqu'un qui n'a pas la cervelle tournée. Puisque vous avez déjà eu la bonté de me donner quelques détails sur l'étrange lieu où nous nous trouvons, daigneriez-vous m'éclairer jusqu'au bout, et m'expliquer le mythe des mystères dont on m'entoure?... Vous acquierriez, monsieur, des droits à la gratitude d'un malheureux dont l'humiliation et les transes amusent beaucoup à ce qu'il paraît des hommes bien cruels ou bien désœuvrés. Je vous prie de croire à ma discrétion, et je vous promets de ne faire usage de vos renseignemens que pour la défense de mon honneur et de ma liberté, qui je vois sont ici également menacés.

Le docteur prit le pouls du patient, et n'y remarquant aucun symptôme sensible d'agitation, il parla en ces termes :

« Indépendamment des illusions que se crée le cerveau, légèrement dérangé, de votre Altesse, vous paraissez tourmenté par les bizarreries de l'hospitalité qui à la recommandation du personnage anonyme, qui ce matin a présidé au banquet de chasse, vous a été offerte par messire Marchocki. Cette inquiétude provient sans doute de l'ignorance où vous êtes à l'égard de ce seigneur, et je vais d'abord vous donner quelqu'idée de ses habitudes et de son caractère.

» Messire Marchocki est un génie puissant, actif et rusé ; quels sont ses véritables projets, où porte son ambition, c'est une question jusqu'à présent insoluble ; ce qu'il y a de certain, c'est que ses folies cachent de grandes vues, et que sous le voile d'un goût extravagant et dissipé, il rumine à son aise quelque vaste travail. Parmi tous ces grands seigneurs Podoliens, dont le faste et l'orgueil faisaient jadis pâlir les féeries des sérails d'Asie, messire Marchocki a seul sauvé son crédit et sa fortune des naufrages de 1772 et de 1795.

» Seul, il a su tromper l'avidité et la pénétration des employés moscovites, par des apparences de frivolité et de corruption qui depuis trente-cinq ans déjouent ou écartent les soupçons de la cour de Saint-Pétersbourg. On n'a pu supposer qu'un paillasse aux cheveux blancs, qui fait la guerre au soleil et se bâtit des royaumes de sable et de carton, ait jamais eu un plan sérieux et un but raisonnable. La politique russe a toujours encouragé ces sortes d'extravagance comme propres à énerver les mœurs et à gaspiller l'énergie et les richesses de la noblesse méridionale. Dans ses tournées périodiques, à travers son immense empire, Alexandre s'arrêtait volontiers chez son *pentagruel-autocrate*, comme il avait coutume de nommer le seigneur de Minkowce. Ce monarque, demi-Calmouck, demi-Parisien, aimait les bouffons, les caquets, les femmes et la bonne chère. Il trouvait tout cela réuni dans le royaume de Minkowce ; car, messire Marchocki possède, au plus haut degré, l'art de satisfaire ses hôtes, et a toujours en réserve des surprises nouvelles pour chaque genre de passion. On l'a vu, dans la même année, recevoir avec la même grâce, la suite de l'empereur, une députation persane, une caravane de marchands de femmes, une migration de paysans et un comité républicain de la conspiration de Pestel. En 1825, il donna à la fois rendez-vous, dans son château, aux délégués de la cour et aux conspirateurs de l'armée, sans trahir ni les uns ni les autres, sans que les deux partis pussent même soupçonner qu'ils se trouvaient sous le même toit. L'étrange disposition des appartemens de son Escurial lui permet d'isoler, de réunir, d'emprisonner, de libérer son monde au gré de son caprice, de sa haine ou de son humeur.

» Son pouvoir restreint en apparence à quinze milles carrés de terrain, s'étend à des distances incalculables. Son influence gaspillée en apparence dans sa miniature d'Univers, remue tout le sud de la Russie. Son génie, enchaîné en apparence, à des jeux d'enfans, tient en suspens la destinée de quinze goubernies, et deux fois déjà a menacé d'une ruine totale la domination des Czars. Il a des agens en Perse, en Mingrelie, en Circassie, dans tous les Pachaliks mécontens de la Turquie, dans les provinces slaves de l'Autriche, dans le royaume de Pologne et jusqu'en Allemagne. Toute la haute noblesse Podolienne, Bessarabienne et Ukrainienne lui est soumise par des liens invisibles, d'intérêt, de peur ou de parenté. Les deux cents convives que vous venez de quitter, résument l'esprit et la puissance de cette prodigieuse clientelle. Les seules familles dont il ait à redouter la haine ou le crédit, sont celles de Branecki et de l'évêque de Kamieniec. La première, enrichie par la trahison et l'infamie est toute-puissante à Saint-Pétersbourg, et la seconde, fière du génie de son chef, s'arme du fanatisme catholique de la petite noblesse pour combattre le seigneur de Minkowce, dont elle paraît d'ailleurs avoir parfaitement deviné les prétentions et étudié les ressources.

» Bien que messire Marchocki possède à un degré aussi éminent l'art de la dissimulation que celui du pouvoir, et que les replis de son âme échappent à toute pénétration vulgaire, une observation patiente et obstinée, m'a conduit à plusieurs découvertes d'une certitude incontestable. Toute la vie de cet homme réellement supérieur a été immolée à une vaste et sublime pensée. Cette pensée me semble être l'érection d'une république méridionale dans laquelle entreraient par masses égales, d'une part la Slavonie, de l'autre la race cosaque et circassienne. Cette puissance opposée à l'empire mi-Tartare, mi-Scandinave, formé par Pierre-le-Grand, et ensuite monstrueusement défiguré par l'agrégation indigeste du tiers de l'Asie au tiers de l'Europe, est à mon avis la conception à la fois la plus hardie et la plus logique qu'ait pu produire un ennemi des Czars. Elle résume toutes les résistances partielles dans une ligne homogène par ses intérêts, variée par son organisation, assez forte pour protéger l'Europe contre les invasions de l'Est, trop patriarcale pour la menacer. Elle fond dans une naïve et généreuse fédération de peuples neufs, toutes les secousses, toutes les fureurs comprimées, toutes les sauvageries disparates des races étouffées entre les Carpartes et la mer Noire. Elle donne une solution claire et franche aux questions jusqu'à présent si compliquées de l'Orient. Elle émancipe le berceau du genre humain, elle déblaie le Pont-Euxin, elle fonde un nouvel empire sur les ruines de Constantinople. Enfin, en refoulant l'Asie sur l'Asie et le Nord sur le Nord, elle garantit les deux siècles de repos nécessaire à l'Europe pour accomplir sa grande refonte religieuse et sociale.

» Vous sentez de combien ces gigantesques desseins dépassaient et dépassent encore les mesquins argumens du système politique de l'Europe. Vous sentez quel mépris devait témoigner un cerveau de cette trempe, à l'égard du demi-siècle de boucheries inutiles qui a ensanglanté l'Univers, sans rien résoudre, sans rien prédire, sans rien féconder. En quoi pouvaient intéresser un pareil créateur toutes les luttes royales, toutes les petites rivalités de marchands et de sabreurs qui ont absorbé dix fois la somme d'énergie et de matière qu'il lui eût fallu, à lui, pour sauver l'humanité?... Aussi vit-on avec surprise un homme de son caractère s'enfuir dans une obscure solitude, devant la tourmente pendant laquelle tant de sots et de lâches ont pêché dans le sang ou dans l'encre des brevets d'immortalité. Les intelligences vulgaires, les ambitions classiques, mais surtout les hommes *du progrès* n'ont pu lui pardonner sa superbe neutralité. On se demande encore comment un être de son espèce a traversé les moissons des ères révolutionnaires, batailleuses et restauratrices, sans avoir présidé une conspiration, gagné une bataille ou publié une brochure. On est comme déconcerté de ne pouvoir l'appeler ni nonce, ni général, ni homme de lettres, mais tout simplement messire Marchocki. Ce qu'il y a d'étrange, c'est que tout en le sachant ennemi déclaré de Bonaparte, et fort bien venu d'Alexandre, personne ne s'est avisé de le soupçonner de *moscovisme*, stygmate auquel ont été soumis, dans nos provinces, les dévouemens les moins douteux et les réputations les mieux établies, par les sabreurs des légions et par la génération nouvelle.

» Messire Marchocki détestait franchement Bonaparte, car il ne voyait en lui que le restaurateur des empires militaires d'Occident, que le galvaniseur de la vieille tyrannie gallo-romaine, empires et tyrannie aussi arrogans et beaucoup plus dangereux, à ses yeux, que les empires et la tyrannie moderne des Czars de Saint-Pétersbourg. La résurrection d'un empire d'Orient, sous un drapeau fédératif-républicain, lui semblait aussi nécessaire pour contrebalancer l'unité despotique de l'ambition romane, que pour arrêter l'aveugle et stupide voracité de la Moscovie. Il contempla donc, avec la même indifférence, les progrès et la chute de Napoléon, certain que le choc de ces grandes hordes enrégimentées, qui pour toute croyance avaient la perspective d'une épaulette, pour toute loi le roulement du tambour, finirait nécessairement par un épuisement général et le déblaiement d'une arène nouvelle pour un temple nouveau. Il passa donc dans une mollesse apparente, et dans un recueillement réel, ce temps de vertige géant que l'on nomme le cycle de la révolution et de l'empire. Il vit avec une silencieuse douleur, la Pologne prodiguer sa vigueur et ses illusions à une cause qui lui était tout-à-fait étrangère. La guerre de Kosciuszko seule, lui inspira quelque respect, encore la trouva-t-il trop exclusive et conçue dans des proportions trop mesquines. Quant aux légions, il les condamna sans réserve, ne pouvant s'expliquer pourquoi un peuple de vingt millions, asservi sur la Vistule et le Borystènes, allait chercher son indépendance à Saint-Domingue, à Hohenlinden, à Samossierra ou à Leipsig.

» Mais quand la canicule des guerres impériales fut passée, et que huit ans de sommeil eurent rendu à la Slavonie ses forces et sa raison, messire Marchocki jeta un coup-d'œil autour de lui. Alexandre se faisait vieux, et, comme tous les libertins surannés, mystique, soupçonneux et impitoyable. Sa paresse ordinaire, augmentée par ses infirmités, ou plutôt encore l'immensité et l'hétérogéneïté chaotique de son empire, l'obligeaient à déverser son omnipotence autocratique sur les pachas provinciaux. Vous savez ce qu'était le Czarewicz à Varsovie, et Nowosiltzow à Wilna. Jugez par-là de ce que pouvaient être les Goubernateurs chez nous, et les généraux conquérans dans les pays Persans et Géorgiens, récemment envahis par la Russie. Tout ce qu'on pourrait dire de l'arbitraire, de la vénalité, de la basse tyrannie de ces proconsuls, toute énumération de griefs, toute plainte raisonnée, me paraît incapable de donner la moindre idée de cette épouvantable histoire. Les langues écrites ne sauraient fournir aucune expression ; c'est à peine si la naïve énergie de nos idiômes méridionaux, suffit à la traduction de ces ténébreuses horreurs, que notre simplicité, unie à la politique des Czars, a su voiler d'une nuit éternelle. Le joug devenait insupportable ; messire Marchocki crut le moment arrivé. Il avait déjà soixante ans ; mais chez cet être d'une nature extraterrestre, les facultés semblent se développer dans un rapport inverse. Il eut soif de gloire et de liberté à l'âge où le commun des hommes ne rêve que repos et silence, comme s'il avait économisé le feu de sa jeunesse pour réchauffer son vieux cœur. Quoiqu'il en soit, messire Marchocki saisit, d'un seul jet de pensée, les caractères dominans de sa position, et tout le parti que pouvait en tirer sa bizarre, mais généreuse ambition. Il conçut que tant afin de donner le change au Czar, qu'afin de généraliser de suite la révolution méridionale qu'il méditait, il était nécessaire de soulever simultanément les deux ailes de sa république, et de porter en même temps le feu aux deux extrémités de l'empire Moscovite. Le royaume de Pologne et la Géorgie lui parurent donc les deux points les mieux prédisposés à une révolution de ce genre. Le premier renfermait en lui tous les élémens d'une puissance organique, la seconde tous ceux d'une vigoureuse anarchie, contraste parfaitement harmonié avec la mission de chacun de ces pays dans le vaste système de Marchocki. Par suite même de ces deux natures différentes, il fallait au premier une conspiration, à la seconde un prince mécontent. Marchocki trouva l'un et l'autre.

» Il avait été lié dans sa jeunesse (que l'on dit avoir été très-romanesque) avec deux hommes d'une volonté de fer et d'un courage chevaleresque. Le premier, officier d'infanterie dans les légions polonaises, au service de la France, se nommait Lukasinski; ses habitudes militaires ne tardèrent pas cependant à le brouiller avec messire Marchocki qui a toujours eu en dédain et en horreur le métier de soldat; ce n'est qu'au retour des débris de l'armée polonaise, en 1815, que Marchocki, conduit à Varsovie pour affaires d'intérêt, eut occasion d'apprécier le caractère de son ancien ami, et de reconnaître combien l'indépendance de son jugement et la grandeur de ses vues le plaçaient au-dessus des sabreurs vulgaires.

» Dès cet instant il s'établit, entre ces deux hommes, un commerce secret dont les plus habiles pénétrations n'ont pu saisir le fil, mais qui eut pour conséquence immédiate l'organisation de cette fameuse *franc-maçonnerie-slave*, qui depuis quinze ans provoque les plus étranges soupçons et désespère la curiosité de l'Europe.

» Vous savez que Lukasinski, après avoir en trois ans étendu les ramifications de sa mystérieuse société de Posen à Kiiow, et de Saint-Pétersbourg aux Krapaks, fut vendu par un jeune disciple, livré à l'inquisition d'état, en 1819, et longuement torturé dans les casemates de Zamosc ; heureusement la conjuration était trop largement ourdie pour dépendre de la vie ou de la mort d'un seul membre, fût-ce de celles de son fondateur. L'interdiction des loges, les révélations partielles, les poursuites de détail ne pouvaient plus rien contre un immense incendie souterrain qui avait déjà gagné les deux tiers de l'empire Czarien.

» Messire Marchocki qui, à l'honneur de sa tête et au déshonneur de son cœur, appelle les hommes *des quantités algébriques réductibles à la plus simple expression*, s'inquiéta peu du sort de son ami, assuré déjà qu'il était du succès de son entreprise. Il prévit que des cendres de la maçonnerie et de celles du premier maçon, naîtraient mille élémens nouveaux de révolte, et il songea de suite à donner sa bannière et à imprimer ses tendances aux Philarètes et aux Pestellistes, héritiers naturels des travaux de Lukasinski.

» Du côté de la Pologne son plan se trouvait basé, il ne l'était pas moins du côté de la mer Caspienne; car, le second ami qu'il avait eu dans sa jeunesse, était précisément un prince Géorgien, nommé Abaze, chassé de ses états en 1800, sous le règne de Paul Ier. Le père de ce jeune guerrier, Héraclius, roi de Tiflis, avait eu l'imprudence d'implorer la protection de Catherine II, contre les Persans. Dès-lors l'influence Russe domina ce malheureux pays, et le prince Georges, frère aîné d'Abaze, héritier de ce sceptre déchu, fut obligé d'abdiquer entre les mains du général Zoubow qui mit garnison à Tiflis, et s'empara de toute la Géorgie proprement dite. Abaze frère puîné du lâche Georges, se réfugia dans les montagnes avec ses gardes Lesghis et Tscherkesses, et forma une ligue puissante dans laquelle il fit entrer les Khans voisins de Kouba, de Chirvan, de Guenjé et du Daghestan. Il s'alluma une guerre sanglante qui dévora sept armées russes, et qui n'est pas encore terminée. Abaze, âme de cette héroïque résistance, acquit parmi les peuplades d'Orient une renommée pareille à celle des demi-dieux dans les âges poétiques du monde. Pendant quinze ans il lutta avec fureur contre Zubow, Titianow et Madatoff, successivement envoyés à la tête d'armées nouvelles pour soumettre les Khanats ligués. Quelquefois souverain de la ligue, général de 50,000 guerriers, souvent errant avec quelques cavaliers dans les solitudes de la Tauride, toujours prêt à fondre comme l'éclair sur un ennemi las d'une campagne sans gloire et sans issue, il rendit ses montagnards indomptables, et du bout de son sabre creusa au fond du Caucase un sépulcre géant où s'enseveliront peu-à-peu les trésors, les espérances et les hordes de la Moscovie. Quoique le Khan de Guenjié soit tombé mort sur le dernier tas de ses fidèles guerriers, quoique celui de Kouba ait été relégué dans le désert, et celui de Chirvan assassiné par ses esclaves; quoique l'Imérithie, le Kara-bagh et Bakou, aient enfin succombé sous la morne et terrible persévérance des Czars, quoique un cataclysme de sang ait noyé dans un silence éternel les plaines de la Géorgie depuis les montagnes jusqu'aux deux mers, Abaze se soutint encore pendant cinq ans à la tête des Tscherkesses, des Tschetschens et des Lesghis, bravant armées, foudres, ciel et terre. Le célèbre Jermolow, envoyé avec une septième armée contre ce Titan du Caucase, ne fut pas plus heureux que ses devanciers ; et après avoir soumis les hordes tartares et persanes qui traversaient de temps à autre les désertes conquêtes de la Russie, ce général prit le sage parti de bloquer Abaze dans ses inaccessibles retraites, sans y pénétrer. Un événement particulier livra le héros Géorgien à Jermolow.

» Abaze avait eu trois enfans d'une anglaise, venue de l'Inde, à Kouba. L'aînée de ses filles, Jeanne, disparut, enlevée et vendue, dit-on, par une troupe de Calmouks, à un vieil officier russe, qui en mourant la confia aux soins d'un gentilhomme polonais, appelé Grudzinski, établi à Lowicz dans le royaume de Pologne. Le deuxième enfant d'Abaze, Georgy, garçon curieux et léger, déserta les escadrons vagabonds de son père, pour s'engager dans l'armée russe, dont l'uniforme et les panaches le tentaient depuis long-temps. Toute la tendresse du héros se concentra donc sur la plus jeune de ses enfans, brune et ardente fille du désert, conçue au grondement du canon, sur la cime embrasée des montagnes. Sa pauvre mère était morte en lui donnant le jour. Abaze transmit à l'enfant le nom de sa chère Indienne, le nom de Sosthénia. La selle du guerrier lui servit de berceau, le roulement de la fusillade de réponse à ses premiers sanglots, les cavales des Lesghis de nourrices. Le premier mot qu'elle prononça fut celui de *vengeance*, la première couleur qu'elle discerna fut celle du sang, le premier parfum qu'elle aspira fut un tourbillon de fumée qui ensevelit la moitié des gardes de son père. A un an elle jouait avec des têtes fauchées par le sabre et le boulet, à trois elle chargeait le tromblon d'Abaze, à cinq elle tirait à cent vingt pas les chefs des colonnes ennemies, à dix elle commandait un escadron et avait reçu deux blessures. Jugez si Abaze l'aimait !... Sa gloire, ses souvenirs, son orgueil, tout était là ! Il disait que quand les cheveux noirs de la vaillante fille, livrés au vent comme une aile de vautour ou comme l'étendard de la mort, de leurs sombres replis traçaient un sillon au carnage, alors les vents du désert retenaient leur haleine, les dards du soleil s'arrêtaient dans la nue, les bouillons des torrens se glaçaient suspendus sur les abîmes ; il se faisait nuit et silence jusqu'à ce qu'elle eût inondé la création de l'éclair de ses regards et ébranlé le ciel du sifflement de son damas. Les russes l'appelaient le Simoun de la Tartarie, la Djouma au mouchoir sanglant, l'obusier ailé.... Elle frappait si fort et si juste la noble fille!...

» Mais voilà qu'un jour une alarme immense se répandit parmi les Tscherkesses. Les devins parcouraient le camp en appelant les guerriers à la prière, et en cherchant un captif dont le cœur fut assez vermeil pour plaire au prophète Elie. Les hommes groupés par pelotons murmuraient d'inintelligibles blasphèmes. Les femmes étendues en croix dans des mares de sang de bouc, se vouaient à la stérilité; les chevaux abandonnés de leurs cavaliers aspiraient avec soif la bise du nord pour y saisir la trace d'une providence égarée.... Abaze, le malheureux Abaze, la tête enfoncée dans le sable, se creusait un tombeau avec son crâne blanchi dans une seule nuit. Sosthénia avait disparu, comme Jeanne, comme Georgy... Sosthénia, le génie des montagnes, le dernier rejeton des rois de Tyflis, Sosthénia était tombée au pouvoir des Moscovites...

» Vingt-quatre heures après cet événement, un parlementaire Russe fut introduit dans la tente d'Abaze. Jermolow sommait le malheureux père de se rendre en personne à Tyflis, sous peine de voir sa Sosthénia déshonorée, puis empalée vivante dans l'intervalle des deux camps. Dix ans plutôt, Abaze eût tué de sa propre main le parlementaire et tiré sur sa fille, plutôt que de baisser son front de héros devant les sauvages du Nord... Mais Abaze avait vieilli dans l'immense, dans la dernière, dans l'unique affection que Dieu eut réservé à son cœur sevré de toutes les autres joies de la terre. Depuis cinq ans, Abaze saturé de gloire et de douleur ne combattait plus que pour admirer dans son enfant l'héritage de sa grandeur passée. Que lui importaient les montagnes sans Sosthénia.... Le malheureux oublia vingt années d'héroïsme dans une heure de désespoir.... Il choisit une nuit sombre et orageuse pour échapper à l'inquiète vigilance de ses guerriers et vint se livrer à l'ennemi, seul, à pied et sans armes.

» On l'envoya en Sibérie, et ses montagnards se dispersèrent... C'était en 1821... Il passa cinq ans aux environs de Tobolsk, confondu avec les criminels condamnés aux travaux des mines, sans avoir vu sa fille chérie. En

1826, un capitaine Français venu dans le dernier transport des conjurés pestellistes, lui donna des nouvelles de ses deux premiers enfans. Jeanne élevée par Grudzinski, à Lowicz, avait fait la plus incroyable fortune ; elle avait subjugué le cœur du sauvage Czarewicz et était devenue son épouse, avec le titre de duchesse de Lowicz. Georgy était un beau et pimpant cornette dans la garde de Volhynie. Le hasard avait ainsi réuni le frère et la sœur sous la protection du frère du Czar.

» Abaze, le fier Abaze, pensa mourir de joie. L'indomptable Circassien était devenu le plus humble des prisonniers. Le premier présent à l'appel, ôtant son bonnet à quinze pas des argousins, étouffant ses sanglots sous un air résigné et content ; le malheureux s'était fait pioche, glace et brouette. L'abrutissement de la peine avait plié son corps, aplati son crâne, terni son regard d'épervier. La verge et l'insulte avaient effacé l'étoile divine de son front. Il avait oublié jusqu'à sa langue, jusqu'à son nom. Il s'appelait 1248, numéro d'ordre marqué au fer rouge sur sa poitrine, à côté de ses vieilles blessures. Au fond de ce cercueil ambulant avait vécu et vivait encore cependant un souvenir ineffaçable de tendresse. L'amour paternel avait surnagé sur ces immenses misères, comme l'œuf de l'insecte balloté dans une feuille sèche sur l'écume du déluge. Le récit du capitaine ressuscita l'énergie dans le cœur du vieillard. Il se redressa sous le poids de sa croix comme Atlas sous celui du Ciel; il recolla les débris de son ancienne fierté, fit tomber dans une larme le voile de ses regards, et demanda à servir comme simple soldat dans l'armée russe, dans l'espoir de se rapprocher de l'Europe et de revoir ses enfans. Quoiqu'il n'eut aucune nouvelle de Sosthénia, le plus riche, le plus saint trésor de son amour, il espérait la retrouver dans quelque coin de l'Univers qu'elle se trouvât. Le pauvre exilé s'imaginait que passé l'Oural, le sombre empire du Czar finissait; que passé l'Oural il n'y avait plus ni mystères, ni tortures pour un cœur de père; que passé les régions glacées de l'Asie, chaque fleur, chaque papillon, chaque arbre, chaque montagne, lui dirait la retraite de sa fille chérie.

» On levait précisément une troisième armée contre les Turcs. On prenait borgnes, boiteux, édentés, enfans, vieillards, filles même dont le sexe n'était pas suffisamment constaté. La chair d'homme avait presque monté au taux du suif et du bétail. Le serf se payait presqu'autant qu'une boîte de waksohtaff; c'était effrayant. Tous les exilés qui désirèrent être enrôlés, reçurent une capote neuve, un rouble en papier, un nouveau numéro, et furent dirigés sur Orenbourg. Abaze partit donc comme furieux d'espérance, la tête haute, les poings fermés, un délire stupide dans les yeux. A chaque étape il demandait si l'on n'avait pas vu ses enfans, si l'on était loin de Varsovie, si sa Sosthénia avait reconquis le royaume de Géorgie... On le contemplait avec pitié, le prenant pour un fou ou pour un ivrogne.... Personne ne se doutait que ce fut là le terrible Abaze.

» Arrivé à Orenbourg, le misérable fut incorporé, avec une demi-douzaine de ducs disgraciés et comme lui condamnés à perpétuité au service, dans le 16me léger, qui aussitôt prit le chemin du Sud, pour passer sous le commandement du général Paszkiewicz, engagé avec l'aile gauche dans la Turquie d'Asie. Le malheureux marchait toujours sans savoir où il allait, demandant sans cesse où étaient ses enfans et quand il arriverait à Varsovie.

» Dans le trajet il apprit la charge en douze temps et fit la campagne d'Erzeroum, sans le soupçonner; pendant huit mois il tira sur ses compatriotes, alors alliés des Turcs, croyant faire la petite guerre en passant; puis enfin il fut envoyé en Pologne.

» Le bruit de sa mort avait été répandu le lendemain de sa fuite; depuis, personne ne s'était inquiété de lui; il vint donc à Varsovie, en 1830, sans être reconnu, ni surveillé, en qualité de simple grenadier, confondu avec les recrues de l'un des dépôts destinés à alimenter la garde du Czarewicz Constantin. Dès cet instant nous le perdîmes de vue. Quelqu'un a prétendu que le besoin de jouir dans la paix et le mystère de la vue de ses enfans, lui fait garder le plus obscur incognito, et l'un des convives de ce matin, m'a dit l'avoir vu monter la garde au Belvédère, sans attirer l'attention de qui que ce soit.

» Il suffit de vous avoir esquissé le caractère de notre maître pour vous faire deviner le parti qu'il tira d'une connaissance de la nature d'Abaze. Dans l'un des trois grands voyages que fit messire Marchocki dans sa jeunesse, il visita l'Orient, et plus particulièrement la Géorgie et la Circassie qui, déjà à cette époque de sa vie, occupaient une place dominante dans ses rêves d'avenir. Il parvint à gagner la confiance du brave et simple guerrier et fut initié aux plus scabreuses énigmes de la confédération des Khanats. On prétend qu'Abaze, meilleur soldat que diplomate, lui livra sans réflexion les intérêts de la ligue, et que messire Marchocki, mécontent des tendances par trop locales qu'avait prises l'insurrection, travailla à l'assoupir d'abord, avec l'intention de la réveiller dans de plus larges proportions. Ce qu'il y a de certain, c'est que l'arrestation du héros Géorgien ne l'affligea pas plus que la chute de Lukasinski, et que loin d'employer son crédit tout-puissant auprès de Jermolow, pour obtenir quelques adoucissemens au sort de l'illustre prisonnier, il écrivit au général russe de l'exiler dans le coin le plus obscur de l'empire, afin, disait-il à ses confidens, *d'effacer un chiffre devenu inutile*. Quand cependant la misère eut presque animalisé le vieillard, messire Marchocki ne s'opposa pas à ce qu'il allât en Pologne, mourir dans les bras de ses enfans. Au reste, notre maître tenait, depuis douze ans, les fils de la ligue. Il avait, par l'intermédiaire même du confiant Abaze, établi des relations indissolubles entre les terres russiennes, les hordes cosaques et les Tscherkesses. Il avait déjà organisé une association hiérarchique qui plongeait par ses extrémités jusque dans les pays soumis à l'influence occulte de l'Angleterre, et qui, partant des agrégations élémentaires de la famille et de la tribu, venait aboutir à lui, à la fois terreur et providence mystérieuse de tout ce qui se fait en Orient depuis l'affaiblissement moral d'Abaze. Il ne s'agissait plus que de trouver un instrument intelligent, populaire et docile.

» Satisfait de l'abdication tacite de Georgy qui paraît se soucier fort peu de l'indépendance de sa patrie, et qui a, de si bonne grâce, troqué son douteux diadème contre une paire d'épaulettes certaine, messire Marchocki a jeté les yeux sur sa jeune sœur, sur cette fille étrange que la Providence semble avoir conviée dès le berceau aux plus hautes destinées.

» A quel point dispose-t-il de Sosthénia? c'est jusqu'à présent un problême à résoudre. On sait seulement qu'il a réussi à l'enlever à Jermolow, et qu'afin de la soustraire à toute recherche, il l'a envoyée dans un obscur café de Varsovie, sous la surveillance occulte de quelques personnes entièrement dévouées à ses intérêts; d'où il la fait venir de temps à autre à Minkowce, déguisée et entourée d'un mystère qui aurait quelque chose de monstrueux dans tout autre lieu, mais qui, dans l'étrange royaume de messire Marchocki, peut passer pour une des dix mille scènes de la gigantesque comédie qui s'y joue depuis trente ans.

» Ce qu'il y aurait en ceci de plus inexplicable, ce serait la docilité avec laquelle cette fille altière se prête à tous les caprices de

Marchocki, si cet esclavage ne lui était imposé, par l'amour filial, à l'égard de l'homme qui paraît secouer dans ses mains la destinée d'Abaze. Vous savez sans doute qu'on raconte des choses merveilleuses sur les transfigurations de Sosthénie ; qu'on prétend l'avoir vue le même jour fille de comptoir à Varsovie, bayadère ici, et fée guerrière dans les montagnes de la Géorgie. En réduisant ces prodiges aux justes proportions des possibilités humaines, il faudrait présumer qu'en la déplaçant ainsi sous les formes les plus bizarres et dans les contrastes les plus étranges, le seigneur de Minkowce espère la soustraire à toute influence sociale, l'élever dans une sphère exceptionnelle et étourdir toutes ses inclinations de fille et de femme vulgaire.

» Vous concevrez maintenant comment, en abusant des saintes affections de tous les membres de cette pauvre famille, à la fois ennemie, esclave et alliée des Czars, messire Marchocki les domine les uns par les autres et les tient tous dans sa dépendance.

» Ces trois coupoles couleur de feu que

vous voyez d'ici poindre à l'horizon et que vous allez, tout-à-l'heure, voir mourir dans la brume, marquent l'assise du château qu'habite ici Sosthénie. On ignore généralement les habitudes de ce séjour solitaire; on sait seulement que la fée y élève un enfant de sept ans, orphelin ramassé par Marchocki au milieu d'une bande de Bohémiens, et que vous avez vu ce matin à côté du vieillard.

» La lente mais active manœuvre de messire Marchocki était déjà fort avancée de ce côté, lorsque les affaires de Pologne détournèrent tout-à coup ses regards de l'Orient, et engagèrent tout son génie et tout son courage dans la tempête qu'il avait soufflée par l'âme ardente de Lukasinski. A la suite de deux voyages que fit successivement messire Marchocki à Varsovie et à Saint-Pétersbourg, et en conséquence d'une longue combinaison d'efforts secrets, Pestel, Bestuew, et quelques autres seigneurs russes, du parti républicain, demandèrent un rendez-vous à Marchocki, en le priant d'amener avec lui le colonel Krzyzanowski délégué des conjurés de Varsovie. Marchocki leur assigna Kiiow et s'y rendit en effet accompagné du colonel. Là, les conjurés des deux nations signèrent un traité dont l'objet véritable n'a jamais été bien connu, mais dont les tendances apparentes ont été bruyamment exprimées par les troubles qui, en 1825, ont simultanément secoué Varsovie et Saint-Pétersbourg, et ébranlé les deux trônes du nouvel empereur.

» Ici commence le cycle le plus romanesque de la vie de messire Marchocki.

» Tout le monde convient que, soit dérouté par une affluence d'agens superflus, soit ébloui par l'immensité de la carrière qui s'ouvrait tout-à-coup devant lui, notre maître dérogea, dans cette conjecture suprême, au système de prudence qu'il s'était imposé depuis quarante ans. Au lieu de remuer dans l'ombre des ressorts éloignés il courut à Saint-Pétersbourg diriger en personne l'action des conjurés, et se laissa prosaïquement surprendre, lier, bâtonner et enfermer. Le hasard lui rendit la liberté; mais ses biens étaient déclarés en séquestre, ses amis condamnés à mort, la révolte apaisée. Il eut cependant l'adresse et le bonheur d'accréditer la nouvelle de sa mort ; ceci le sauva.

» Prévoyant toujours un dénouement de cette espèce, il avait nécessairement en réserve une douzaine de ressources applicables selon l'époque et les circonstances. Or, la plus heureuse, dans ce moment critique, se trouva être une vieille ruse souvent employée dans nos pays contre les confiscations, vrai jeu de bohémiens qui, sans cette précaution, ferait de la propriété une auberge ou un fermage transitoire. Afin de désorienter le gouvernement dans la science des héritages, et de soustraire la véritable situation des fortunes à l'avide connaissance de Sa Majesté et de ses goubernateurs, on est convenu d'être en contestation perpétuelle sur les limites, de se croire en doute à l'égard de ses voisins et de soi-même, mais surtout d'avoir cinq ou six co-héritiers en voyage, des frères à l'armée, et un fils prodigue à Paris ou aux Indes. L'incroyable anarchie civile de notre noblesse et l'impudente vénalité des autorités provinciales se donnent la main pour légitimer ces manéges moyennant une *rétribution raisonnable*. On naît, on meurt, on se marie, on divorce, on voyage; on ressuscite à volonté; on est à la fois dans cinq goubernies différentes ; on existe, on a existé et on existera en même temps, à la même heure; on est colonel sur la frontière chinoise, postulant à Varsovie, marchand de grains à Odessa, et paralytique aux eaux de Baden. Un grand seigneur condamné aux colonies militaires ou aux mines de Nertschinsk a ordinairement un frère qui hérite des biens du disgracié ; ce frère, c'est le grand seigneur lui-même. On a vu les salines de la Goubernie de Saratow, passer en cinq mois entre les mains de quatre héritiers, la clef de Zdzibor appartenir à la fois à deux écartelés, à trois vampires et à un revenant, tout le district tartare d'Abakan rester dix ans sans propriétaires, quoiqu'habité et largement exploité par trois officiers coloniaux. Tant qu'on est en état de payer la justice impériale, on est de tous les mondes, de tous les âges et de toutes les familles; les codes, la chronologie, le blason, l'espace, les alliances, l'histoire toute entière est au service de l'homme *raisonnable*. Messire Marchocki avait eu la prévoyance de se faire passer pour le plus *raisonnable* magnat Podolien.

» A ce titre un frère mystérieux, grand voyageur, compagnon des travaux scientifiques de M. Humbold, dont notre maître avait parlé à tout le monde, mais surtout au goubernateur de Kamieniec, apparut tout-à-coup pour hériter de la fortune du défunt; et comme il se montra encore plus *raisonnable* que son aîné, il entra de suite en jouissance, et par un simple acte de présence frustra la couronne du magnifique fleuron de Minkowce.

» Il y eut bien quelques doutes, quelques murmures, quelques rires étouffés. Les esprits tracassiers posèrent, à résoudre, quelques questions comme celles-ci : Comment ce frère, que l'on n'a jamais vu à Minkowce, connaît-il les mœurs et les habitans de cet énigmatique royaume, au point de continuer sans la moindre hésitation le règne politique, féerique, mécanique, compliqué, miraculeux de son aîné ; comment l'héritage passe-t-il entre les mains d'un frère inconnu, au détriment du jeune Marchocki, fils et successeur légitime du défunt, connu long-temps de toute la Podolie et disparu à l'instant même d'hériter; pourquoi le nouveau propriétaire de Minkowce évite-t-il la présence des anciens familiers du royaume, et avant d'entrer en possession en a-t-il changé tout le personnel, au risque de rendre publique l'organisation si long-temps secrète de ce fabuleux Sanhédrin ?...

» Mais, comme à tout prendre, les gourmands et les désœuvrés de la Podolie aiment mieux voir à Minkowce un gentilhomme magnifique et hospitalier, qu'un ladre fermier de la couronne ; comme messire Marchocki aura toujours *raison* contre les poursuites légales, et pourrait se venger cruellement des persécutions illégales ; comme à titre de frère du fameux Anne Marchocki, il est l'intime du goubernateur et des généraux de l'armée du Sud ; on est convenu d'être convaincu de la mort de son aîné et de son neveu, pour lesquels il se dit tous les jeudis une messe funèbre dans les dix-sept chapelles de Minkowce. Le père et le fils reposent sous un magnifique mausolée de porphyre sur la frontière-nord du royaume; nous l'apercevrions d'ici sans le massif de cyprès qui l'enveloppe et le cache aux regards profanes.

» Les seigneurs des trois Goubernies méridionales ont porté le deuil pendant six mois, et le nouveau souverain s'est condamné pour la vie à l'écarlate, couleur mortuaire du royaume céleste.

» Le triomphe de messire Marchocki serait beaucoup moins méritoire sans les obstacles qu'il a rencontrés dans les deux familles adversaires que nous avons citées plus haut. Tout ce que la fureur et la politique peuvent imaginer de plus menaçant a été mis en œuvre contre lui, par madame Branecka et l'évêque de Kamieniec; mais il les vainquit et les humilia tous. Il employa sa popularité polonaise pour faire mettre madame Branecka au ban de la noblesse Russienne comme héritière des trahisons de Targowica, ses affectations de tolérance pour rendre l'évêque catholique ridicule et odieux à la génération Voltairienne, aujourd'hui toute puissante à Kamieniec ; il a réussi en tout. Madame Branecka n'ose franchir les limites de ses domaines, dans la crainte d'être enlevée et fouettée par quelqu'escadron de chasseurs errans ; l'évêque s'est enfui de Kamieniec devant les charivaris et les briseurs de carreaux.

» Malgré tant d'efforts, malgré cette prodigieuse série de succès, messire Marchocki n'est rien moins qu'en sûreté. La dernière révolution de Pologne l'a remis aux prises avec tous les partis, et la manière dont il va se tirer d'affaire maintenant, nous donnera l'idée résumée, la mesure suprême de son génie. Quoique depuis les derniers événemens survenus à Varsovie, messire Marchocki ait pris un air de profonde réserve à l'égard même de ses plus intimes, il est évident qu'il est en relation directe avec le gouvernement national de Pologne. Il a été fort lié avec le prince Lubeckoï, adroit et méchant homme qui maintenant semble briguer les faveurs de la révolution à Varsovie ; il profite sans doute de cette liaison dans l'intérêt de ses immenses projets, car je lui ai plusieurs fois entendu prononcer ce nom-là, et j'ai remis à trois courriers des lettres à l'adresse du prince. D'ailleurs la personne aux crachats qui, ce matin, vous a présenté aux conjurés Podoliens et Ukrainiens, est l'agent du gouvernement que dirige l'influence de Lubeckoï... »

— De quelle personne voulez-vous parler, demanda enfin Boleslas que cette longue et étrange histoire avait violemment agité, sans qu'il osât interrompre le narrateur.

— Mais de la personne à l'habit boutonné qui paraît vous connaître de loin et qui, pour l'instant, a toute la confiance de messire Marchocki... du monsieur au nez camus qui faisait les honneurs du repas... de celui enfin qu'on appelait général... vous ne vous rappelez pas?.... que diable, cependant...

— Et vous croyez que c'est là un agent du gouvernement de Varsovie?...

— On le dit, au moins...

Boleslas hésita à répondre, car l'ignorance du docteur à cet égard, comparée à sa pénétration dans les affaires si mystérieuses et si compliquées de Minkowce, lui parut tellement niaise ou tellement suspecte qu'il craignit, en parlant, de se rendre ou indiscret ou ridicule. Enfin, l'air sincèrement curieux et étonné du docteur le rassura. Il parla...

— Vous qui savez tant de choses improbables, vous qui avez résumé dans l'étude d'un seul original les pensées et les desirs de six siècles d'avenir, n'auriez-vous pas entendu parler, par hasard, de son Excellence, le général d'armes, Alexandre Rozniecki?

— Du premier sbire du Czarewicz?

— De lui-même.

— De ce vieux satyre qui réalisait, avec des cosaques, des enfans trouvés et des bohémiennes, les charmans tableaux du marquis de Sade et de l'Arétin.

— Précisément.

— De ce sinistre inquisiteur qui mettait toute une rue de juifs aux harengs salés pour en arracher de l'argent, et faisait, sous ses yeux, fustiger les écoliers avec des verges trempées dans du vinaigre?

— Vous y êtes.

— Ma foi... je crois qu'on l'a pendu au réverbère qui de sa lueur railleuse a insulté pendant dix ans aux ténèbres des cachots des Carmes, où le monstre enfermait ses victimes... C'est au moins là la version la plus commune.

— Eh bien! mon cher docteur, vous saurez que le vieux satyre aux cosaques et aux bohémiennes, le premier sbire du Czarewicz, l'écorcheur de juifs et le fouetteur d'enfans, a eu l'honneur de déjeuner ce matin avec la noblesse insurgée des provinces méridionales, chez Sa Majesté le roi de Minkowce...

Le docteur s'empara violemment du pouls de son *sujet* et le regarda dans le blanc des yeux; mais ne remarquant sur sa figure qu'une expression de certitude insolemment tranquille, il s'écria :

— Eh bien! mon cher, je vois que nous sommes joués, et si messire Marchocki n'est pas le mieux dupé de nous tous, c'est un ambitieux d'une révoltante immoralité... S'allier avec un Rozniecki? passe les Gouberneateurs moscovites, les Tscherkesses et les franc-maçons, passe le prince Lubeckoï; mais un Rozniecki!... c'est vraiment infàme...

Et en achevant cette exclamation, le fin mais honnête docteur cracha hors du traîneau qui déjà avait parcouru les deux tiers des limites du royaume céleste...

— Imaginez-vous, continua-t-il en se mouchant, que ce crocodile peut être après avoir trompé messire Marchocki sur son propre compte (ce qui cependant me paraît difficile); imaginez-vous que ce monstre vous a recommandé parmi les conjurés comme un jeune prince mécontent, prêt à marcher à la tête des forces confédérées de la Podolie, de l'Ukraine et de la Cosaquie, à la conquête de Moscou. Le déjeûner de ce matin n'était autre chose qu'un rendez-vous général des vingt-six districts russiens; et la chasse que votre égarement a dérangée, un attroupement de cavaliers destiné à vous escorter jusqu'à Kiiow où vous deviez être proclamé généralissime des conférés du Sud.

Boleslas partit d'un éclat de rire.

— Riez tant que vous voudrez ; ce chien de général n'en est pas moins un habile gredin... Je vous jure qu'il a joué jusqu'au plus fin, et qu'il n'y a pas un conjuré qui ne vous ait pris pour le bâtard de l'empereur...

— Pour le bâtard de l'empereur?... ha! ha! ha!... voilà qui passe la plaisanterie...

— Mais oui, oui, pour le bâtard du Czar Nicolas, et je vous défie maintenant de vous défaire de ce titre dans l'opinion des confédérés... Tout ce que vous pourrez leur dire pour leur persuader le contraire, sera reçu avec une respectueuse mais inébranlable incrédulité, votre cher tuteur ayant eu la précaution de vous déclarer atteint d'aliénation mentale, par suite d'un refroidissement des organes cérébraux.

— Comment tous ces badauds ont-ils pu accepter un fou pour capitaine?

— Ils vous croyaient suffisamment guéri ; d'ailleurs comme il ne leur faut que votre nom, il leur importe peu que vous soyez ou non capable de les commander. Tout ce qu'ils exigeront de vous ce sera de *poser* avec calme et majesté, de monter avec grâce un cheval bien doux, de vous promener en czamara brodée et en bonnet rouge à travers les rangs de la plèbe armée, et de signer des proclamations contre le Czar. Il sera encore urgent d'avoir en réserve des exclamations à effet et des gestes de corsaire, pour répondre aux sommations des parlementaires Russes. Vous voyez que pour peu que vous ne soyez pas entièrement dépourvu d'intelligence, vous avez devant vous une carrière aussi facile qu'éclatante. Ce nom de bâtard-impérial sonne bien dans une insurrection. La révolte d'un fils contre un père est essentiellement dramatique ; elle exprime d'ailleurs parfaitement l'émancipation des races nouvelles et porte avec elle une sombre ironie en rapport avec les tendances byroniennes de notre époque. Que vous soyez ou non bâtard et bâtard czarien, vrai, vous seriez un sot de ne pas ramasser le laurier sanglant que vous jette la fortune... Faites d'aussi bonne grâce le guéri que vous avez fait le fou, et je vous prédis la présidence de la république Slave, puis la lieutenance de l'empire, puis la dictature viagère... puis la couronne élective, puis la royauté héréditaire... Pourquoi ne remplaceriez-vous pas Pestel et n'imiteriez-vous pas certain prince d'Occident, de beaucoup d'esprit?... Tout est vaudeville et loterie dans ce monde... réfléchissez-y.

— Ah çà, pourquoi raillez-vous... Craignez-vous sérieusement que j'accepte la solidarité des fourberies d'un Marchocki ou d'un Rozniecki?

— Diable! entendons-nous... Regardez-y à deux fois avant de confondre ces deux hommes...

— Je ne fais point de différence entre un ambitieux charlatan qui envisage les hommes comme des *quantités algébriques*, et un vieux débauché qui les tue pour dégourdir ses sens glacés à la vapeur de leur sang. Il y a là alliance du diable et du bourreau, et...

— Au nom de votre salut... taisez-vous, s'écria le docteur avec un effroi qui trahissait le culte d'habitude qui le soumettait à la puissance du souverain de Minkowce.

Songez que le traîneau qui nous porte et les cerfs qui nous traînent ont des oreilles... Je ne vous ai révélé les mystères sacrés de notre maître que dans la persuasion que je parlais au chef de la république Slave, et il serait déloyal de la part d'un étranger de faire usage de ce qui ne s'adressait qu'au bâtard mécontent... Je compte sur votre discrétion, et je vous supplie de tout oublier... Parlons d'autre chose.

— Volontiers, fit Boleslas avec une grimace ironique, sommes-nous bientôt au terme de notre voyage?

— Tenez, voici un poteau qui vous indique le sept cent quarante-neuvième mille; le tour du royaume en contient mille cinquante.

— Mille cinquante milles? c'est une plaisanterie.

— Mille du pays s'entend, à quinze au degré. Seulement il est nécessaire d'observer que le degré géographique de Minkowce est au degré vulgaire comme un à cinq cents; cette différence est d'ailleurs effacée par la rapidité relative des mouvemens qui, en tout est ici cinq cents fois plus active que sur les autres planètes. Si la vitesse de la comète qui nous emporte ne déplace pas trop votre rayon visuel, jetez un regard autour de vous, et tâchez de saisir les lignes de démarcation qui séparent les accidens du terrain ; remarquez les proportions gardées dans la répartition des espaces, vous y trouverez l'Univers résumé sur quatre lieues carrées. Le déroulement de toute la surface terrestre, sur une plate-bande de choux, en est déjà une magnifique imitation. Si vous voulez vous donner la peine d'étudier l'harmonie de toutes les immensités rassemblées dans cette miniature, vous serez obligé d'avouer que les fameux problèmes de Leibnitz, savoir : de trouver à l'infini une formule finie, et d'enfermer le monde dans un bocal à cornichons, ne sont pas tout-à-fait insolubles.

V.

En effet, la plus ingénieuse perspective se dévoilait au regard des voyageurs. Quantité de sillons réservés à l'image de la surface terrestre représentaient les merveilles cosmographiques de tous les continents découverts. Les chaînes granitiques, les fleuves générateurs, les forêts primitives et le système océanien s'y trouvaient placés dans un ordre parfait. Quoique le badigeon de la neige eut barbouillé tout cela, l'illusion était encore assez forte, pour qu'à la vue de cette Mappemonde en relief, l'orgueil de la toute-puissance s'emparât d'une tête faible ; pour que l'imagination conçût dans une seule fusée de lumière, la joie solennelle que dut éprouver Dieu au septième jour de la création.

Sur l'incommensurable lisière de ce tableau s'alignait toute l'histoire, en marbre, en bronze et en bois. Des statues colossales, drapées dans un brouillard lointain, comme dans le doute du passé, contemplaient, silencieuses et immobiles, ces sublimes bizarreries. La marche logique de l'humanité était reproduite tout entière dans ce livre de pierre ; le bloc brut, puis la tête portée sur deux échasses, puis le sphinx, puis l'idole aux cent bras, puis le dragon ailé, puis l'homme, puis la femme, puis la nymphe, puis l'ange, puis le Christ sortant l'un de l'autre par une admirable transition de formes, de proportions et de distances, révélaient les incarnations successives de la pensée depuis les élémens primordiaux de la matière jusqu'à la plus impénétrable métaphysique de l'art.

Mais comme dans le mécanisme du monde intellectuel, tout fuyait, passait, s'effaçait dans l'ombre d'un héritier déplacé lui-même par un héritier nouveau ; et sous l'auréole confuse de cette création éphémère s'abîmaient symboles, puissances, continents, planètes, systèmes tout entiers...

— Attention ! s'écria le docteur, nous voici aux confins des espèces de second ordre ; nous entrons dans la région des esprits... Messire Marchocki, en courtois gentilhomme, a ouvert son Edda à tous les cultes sans distinction. Il a voulu que son royaume fût un terrain neutre à l'entrée duquel toute haine, toute rivalité serait déposée. Une sorte d'eaux de Baden où les Dieux, las du décorum, viendraient causer familièrement sur les intérêts communs du système universel. Contemplez et admirez...

Par une singulière disposition du terrain, le traîneau jusqu'alors porté sur un plan horizontal, plongea tout-à-coup dans un sombre ravin et sortit par une gorge circulaire qui débouchait sur une vallée d'un aspect anti-déluvien ; tout y semblait feu, charbon et lave. On eût dit une fraîche éclaboussure du soleil encore vierge des baisers du cataclysme. Du fond de cet immense cratère volcanique saillait un crâne géant couvert de pagodes, de métschétes, de cathédrales, de temples de tous les cultes et de tous les âges. Chaque bosse du crâne portait un autre autel selon le caractère qui lui était assigné par le système de Gall, et le globe entier figurant les deux faces de Janus, présentait les quatre moitiés symboliques correspondant aux quatre grandes ères de l'humanité. Il en résultait une macédoine à la fois savante et dérisoire de toutes les aberrations historiques; c'était, comme dans la tête de messire Marchocki, une compilation de toutes les grandeurs et de toutes les folies de l'adoration humaine; un effrayant pandémonium de divinités pensantes, mangeantes, dansantes, lascives, voleuses, inachevées ou achevées, selon le degré descendant ou ascendant de l'époque où elles avaient régné. Sur la cime de ce Bedlaam olympien flottait une immense bannière noire avec l'inscription : Fuit, deux knouts en sautoir et un bonnet phrygien pour couronne ; plus haut encore, un diablotin en culotte courte et le chapeau claque sous le bras, dansait la cosaque sur la pointe de la lance à laquelle était attaché le drapeau.

Boleslas dévorait des regards cette immense satyre; mais le traîneau volait si vite que bientôt l'œil ne put saisir que des taches vacillantes sur lesquelles se dessinait une ville d'antres et de monticules mal ciselés.

— Maître, dit le docteur, je vais vous emporter sur la plus haute tour de la plus haute des montagnes; vous aurez juste deux minutes et demie pour embrasser d'un regard tous les royaumes de la terre; si vous voulez m'adorer, je vous donnerai tout cela.

Boleslas ferma et ouvrit les paupières; tout avait disparu; le traîneau s'était arrêté dans une caverne obscure; les deux voyageurs en descendirent, se sentirent enlevés par une rapide force d'ascension, et se trouvèrent tout-à-coup sur la plate-forme d'un vieux bastion situé sur le point culminant de la chaîne montagneuse qui limitait à l'ouest le royaume de Minkowce.

Le paysage apparut, à cinq cents pieds au-dessous de Boleslas, comme un tapis chinois, bariolé de pâles nuances. L'Univers dont il n'avait pu, pendant sa course, saisir que les détails, se montra là tout entier, mais couvert d'un linceul blanc, pétrifié par les bises d'hiver, nu et muet comme ce monde sybérien où jadis pullulaient peuples et armées, et où aujourd'hui ne reposent que des tombeaux et des squelettes de Mamouths.

— Voulez-vous ces royaumes, maître? répéta le docteur en ricanant.

Boleslas frissonna et ferma les yeux; les deux minutes et demie se passèrent. Le docteur prit le bras de son jeune compagnon et lui fit descendre un escalier qui les conduisit tous les deux dans les appartemens destinés au sergent.

— Reposez-vous et faites-moi demander quand vous vous ennuierez, mon ami. Soyez prudent et discret. Fiez-vous à vos amis, dit le docteur au jeune homme en lui serrant la main, et il sortit.

Boleslas était dans la chambre où il avait passé la nuit.

Il remarqua de nombreux changemens

dans l'ameublement de cette pièce. Le vilain Pugatscheff de bronze avait fait place à une belle statue de Diane, en marbre blanc; la vieille horloge à une gracieuse pendule; les fauteuils à bras à de jolies chaises en cèdre verni, et le sopha à un lit d'acajou drapé dans d'immenses rideaux de damas bleu et argent; de la myrrhe d'Arabie fumait dans d'énormes cassolettes de vermeil, et le parquet avait disparu sous un magnifique divan de Smyrne. Une porte découverte par l'enlèvement d'un sale portrait de famille donnait dans un cabinet de travail, qu'une coquette érudition avait peuplé de toutes les richesses de la science.

En examinant la bibliothèque, le musée et le bureau, puis en retournant sur ses pas pour se complaire dans tous les détails de son petit royaume, Boleslas pensa qu'une femme avait passé par là; comme le jour était à son terme il se fit apporter de la lumière et essaya de se *mettre au travail*, terme qu'emploie tout désœuvré qui trouve devant lui une pile de livres, du papier et de l'encre.

Il commença avec beaucoup de joie et de zèle... par quoi?... par bouleverser la bibliothèque, par séparer les in-folio des manuscrits, par entasser sur le parquet des montagnes de parchemins qui avaient été fort à leur aise dans les rayons; puis il feuilleta une douzaine d'ouvrages, les laissa tomber, les ramassa ; s'approcha de la table pour prendre des notes, n'en prit aucune, se coucha sur un sopha et bâilla sincèrement...

— Si j'écrivais mes mémoires, pensa-t-il tout-à-coup...

D'un bond il fut près du bureau, et se mit à écrire.

Boleslas avait dans la tête ce qu'on a, à dix-sept ans, assez bien employés, beaucoup d'imagination, assez de connaissances, peu de jugement ; en deux heures il eut noirci huit pages de papier, et bâti un roman sur son enlèvement miraculeux, sur la domination occulte de Rozniecki, sur le génie de messire Marchocki, sur sa présidence méridionale, qu'il appelait sa dictature slave. Bref, sur tout ce que je viens de délayer dans dix feuilles d'impression. Il relut trois fois son ouvrage ; à la première lecture il le trouva admirable ; à la seconde stupide ; à la troisième il n'eut pas le courage d'achever, il déchira la feuille en mille pièces.

Minuit sonna à la pendule, et les trente-deux horloges du château répétèrent les douze râles mélancoliques ; Boleslas tressaillit. La flamme des bougies allongée et flottante comme des drapeaux sanglans, semblait flairer la porte avec inquiétude. Une ombre chevelue se mit à valser sur les papiers ; tous les livres remuèrent dans les rayons, et les faces blêmes et creuses de leurs auteurs apparurent à la place des titres sur le dos de chaque volume. Voltaire desséché et aplati en bande de parchemin courait comme un long lézard tout autour de ses trente-six in-quarto sans pouvoir trouver d'issue ; sa bave enlevait les dorures, crispait le cuir des reliûres et tombait en gouttes d'acide brûlant sur les rayons inférieurs où s'alignaient Burger, Byron et Mickiewicz ; les strygges, les corsaires et les fous d'amour, comme échaudés dans leurs tombes, s'échappèrent en sautillant la danse

Macabre ; les chauve-souris, les corbeaux et les chouettes de la *Fête des Morts*, de Mickiewicz, s'envolèrent vers le plafond qui, entr'ouvert par une large lézarde, se mit à rire en montrant son palais bleu parsemé d'étoiles.

Le sergent voulut crier, mais comme il ouvrait la bouche, un nain cornu lui sauta sur la langue et en cloua l'extrémité à la mâchoire inférieure. Il se leva dans une rage convulsive, jeta les bougies par terre et fit un pas vers la porte de sa chambre à coucher, malgré la profonde obscurité dans laquelle la chute des flambeaux avait plongé les appartemens

Il vit alors avec une horreur profonde la blanche statue de Diane marcher droit à lui ; il appela toute son énergie, et demanda d'une voix tonnante : Qui va là ! La statue s'arrêta, et Boleslas crut entendre un soupir; la peur donna au jeune homme une audace que ne lui aurait pas donnée le courage, et il se précipita sur le marbre en l'enveloppant d'une fiévreuse étreinte.

— Lâche-moi, méchant ! tu me fais mal,

murmura la statue en s'animant peu-à-peu sous sa respiration saccadée, tantôt ardente comme les trombes du Sahara, tantôt glacée comme la bise sybérienne. Lâche-moi, dit plus bas encore la pierre en palpitant ; et elle se gonfla, s'amollit sous une rosée tiède et moite comme l'haleine fécondante du printemps. Boleslas à la fois ravi et épouvanté, la moulait contre son sein au brasier de son cœur. Il pressait, embrassait, roulait le marbre entre ses bras comme s'il eût voulu verser son sang dans les pores de l'argile, puis le pétrir à l'image de son amour.

— Marbre, pierre, argile, murmurait le fou avec des sanglots étouffés, je veux te vivifier de mon souffle, partager mon âme avec toi, te donner la moitié de ma terreur et de mes desirs, de mon crime et de mes joies... Marbre, argile, fais-toi chair et amour, car j'ai soif de tes baisers.

Et l'imprudent promenait ses lèvres humides sur les contours du fantôme, comme le statuaire ses derniers coups de ciseau sur la création de son génie. Il y avait dans ces lascives ardeurs pour la matière de monstrueuses voluptés, une effrayante aberration, une de ces aspirations bizarres et indéterminées que l'Inquisition punissait jadis par le feu et les tenailles. Le jeune homme crut avoir trouvé un de ces terribles secrets par lesquels les mystiques et les alchimistes prétendaient autrefois partager avec Dieu la puissance de ressusciter la nature morte; il écouta, avec une surprise mêlée d'alarme et d'orgueil, l'air frôler et tomber comme une étoffe que l'on froisse; il sentit de lourds rouleaux de cheveux parfumés flotter sur sa joue, puis bondir sur son cou, puis plonger dans sa poitrine comme des serpens amoureux; il s'alluma tout entier au feu de la tendre statue qui, sortie d'un monde étranger comme le papillon de la dure chrysalide, se tordait déjà pleine de vie sous les baisers de son amant créateur.

Boleslas vit alors deux statues dans les ténèbres, l'une silencieuse et immobile dans le coin de la chambre, l'autre respirant avec crainte et ivresse sur son sein.

— Statue, pierre, argile, répéta-t-il dans

son délire, fais-toi chair et amour, car j'ai soif de tes baisers.

— Oublieux, répondit la jeune fille, ne sais-tu pas que lorsqu'un flocon de neige tombe et fond sur ton cou c'est un baiser d'ami, que quand une feuille morte crie sous ton pied, c'est un soupir d'ami, que lorsqu'un pâle rayon de lumière joue avec ta prunelle, c'est un regard d'ami. Oublieux, continua-t-elle plus bas, ne vois-tu pas que le marbre se fait chair et amour pour toi?..

— Sosthénia! s'écria Boleslas, en lâchant le fantôme qui éclaira et disparut comme un serpentin de phosphore sur une table d'ébène.

Le sergent la vit poindre encore à l'extrémité de la chambre; d'un saut il l'atteignit et l'enlaça de ses bras... mais la chair résista à son étreinte; un œil vide et morne tomba sur le sien comme une larme glacée; la jeune fille était froide, raide et muette, elle était rentrée dans la pierre...

— C'est cette maudite statue de Diane, murmura Boleslas en sonnant. Holà! quelqu'un!

Un valet entra en trébuchant.

— Vite de la lumière !...

Le domestique sortit et rentra avec deux flambeaux allumés.

— N'as-tu rien entendu? lui demanda de suite Boleslas.

— Monsieur, çà dépend... C'est possible... Non... je... balbutia le grand escogriffe encore endormi.

— Va ramasser les bougies qui sont tombées dans le cabinet, et remets tout à sa place.

Le valet obéit machinalement, pendant que Boleslas, pâle et étourdi, se déshabillait et se mettait au lit. Cette nuit il n'eut point de rêve.

En se réveillant il fit venir le docteur, et lui demanda s'il n'y avait rien de nouveau.

Le docteur lui raconta qu'en attendant sa complète guérison, Rozniecki était parti pour Bialystok, où se rassemblait l'armée czarienne, prête à envahir le royaume de Pologne, et que dans l'intervalle, la noblesse Podolienne était allée mûrir les dispositions insurrectionnelles des districts méridionaux ; que messire Marchocki paraissait soucieux et contrarié de l'ajournement de la révolution qu'il avait méditée de concert avec le général, mais que son impénétrable réserve déjouait les plus adroites investigations sur ses véritables espérances. Il lui dit ensuite que, dès ce matin, on avait répandu dans le château, la nouvelle de l'évasion de la princesse des étoiles et de l'épouse du soleil ; nom d'argot adopté pour les favorites de messire Marchocki ; que cette défection avait jeté l'alarme et la défiance dans le royaume de Minkowce, d'ailleurs étranger et indifférent à tout ce qui se passe hors de ses limites.

Ces éclaircissemens agitèrent profondément Boleslas ; il congédia le docteur sous prétexte qu'il était souffrant et qu'il avait besoin de repos.

Il se mit à réfléchir à l'apparition de cette nuit ; tout dans Sosthénia l'effrayait. Depuis les révélations du docteur, son jugement à l'égard de cette singulière héroïne avait été dix fois dérouté. Malgré l'admiration que la connaissance de ses malheurs avait ajoutée à son amour pour elle, il avait de la peine à s'expliquer sa présence et sa conduite au château de Minkowce. La découverte des liens qui unissaient cette jeune fille à la duchesse de Lowicz avait d'ailleurs tellement compliqué la passion de Boleslas, qu'il cherchait en vain un code, une règle, un précédent quelconque, qui pût servir à l'appréciation de ce qu'il éprouvait pour les deux sœurs en général et pour chacune d'elles en particulier. Toute l'histoire de la statue et des fantasmagories de la bibliothèque, réduite à ses plus simples proportions par le calme et le retour de la lumière, réjouit beaucoup le jeune homme; il y avait dans ce petit drame Hoffmanique un côté fort doux, des souvenirs délicieux, mais l'énigme n'en était pas plus palpable. La visite matinale du docteur, rembrunissait d'autre part ce charmant épisode. Rozniecki parti, les conjurés dispersés, messire Marchocki soucieux... Soucieux, lui qui avait cent fois provoqué la chute du ciel sans sourciller... Évidemment il y avait quelque chose de bien sinistre là-dessous.

Comme il se retournait pour la vingtième fois dans ses draps humides de sueur, la porte s'ouvrit, et messire Wopata, selon sa louable coutume, déjà pourpre et chancelant, entra prendre les ordres du sergent pour la journée.

— Et quoi de nouveau, mon cher majordome?

— Je viens d'abord vous... vous demander... si vous descendez... descendez... au... au... salon, ou bien si vous désirez qu'on vous apporte votre déjeuner dans votre chambre.

— Je suis fatigué et souffrant... Vous aurez la bonté de m'envoyer une tasse de bouillon... En attendant, prenez un siége et contez-moi quelque chose.

L'honnête majordome s'inclina profondément et chercha un fauteuil à tâtons, crachant, bronchant, reniflant et jurant à demi-voix. Avant de parler il jeta des regards de défiance à droite et à gauche, puis s'étant assuré que personne, excepté Boleslas, ne pouvait ni le voir ni l'entendre, il secoua fièrement sa tête de lion, sourit avec une majesté pleine de calme, de puissance, et parla ainsi :

— Le Czar joue l'Europe en faisant le Tartare, messire Marchocki joue le Czar en faisant le fou, Jean-Louis-Dieudonné-Bobi Wopata joue messire Marchocki en faisant l'ivrogne, mademoiselle Sosthénia joue peut-être Wopata en faisant l'amoureuse ; n'importe, je ne veux point que vous soyez joué, car j'ai besoin de vous. Vous saurez donc, mon cher, que le docteur est l'espion de messire Marchocki... et...

— Assez! assez! Vous êtes un calomniateur! s'écria avec violence le sergent en se mettant sur son séant, retirez-vous, et que mes yeux ne vous revoient jamais...

Le majordome répéta son sourire dédaigneux, dévissa l'ambre de son inséparable tuyau de pipe, en retira un rouleau de papier qu'il posa sur le couvre-pied du patient, se leva, s'inclina et sortit.

Boleslas hésita à déployer le chiffon tout jauni par le jus du tabac ; cependant la curiosité l'emporta, et il y trouva toute sa conversation de la veille, écrite en petits caractères. Elle était présentée sous forme de rapport et adressée au souverain de Minkowce. Il resta confondu et immobile...

Ce moment de stupeur passé, il sonna son

valet auquel il ordonna de rappeler le majordome.

— Eh bien, maître confiant?... demanda Wopata, après avoir pris les mêmes précautions que la première fois.

— Je n'en reviens pas, dit le sergent... la trahison est évidente ; mais quel intérêt a-t-il à me sonder ?

— Celui probablement de s'assurer si ce qu'a dit de vous le général, avait quelque fondement.

— Mais il ne m'a presque pas adressé de questions, je n'ai presque pas ouvert la bouche, et il a fait tous les frais de la conversation.

— Attendez donc un peu ! Croyez-vous qu'il ait la maladresse de vous effaroucher par un interrogatoire inquisitorial?... Pas si niais les Juifs baptisés.

— C'est donc un Juif baptisé?...

— Tiens ! vous ne l'avez pas reconnu à son accent et à sa figure laminée en gueule de brochet?...

— Sa figure me paraît en effet bizarre, mais il s'exprime avec une grande pureté quoique tantôt du gosier, tantôt du nez...

— Vous saurez donc à l'avenir que M. Polakowski est tout simplement maître Mentzel ancien barbier à Cracovie, ensuite employé dans la haute diplomatie du royaume de Minkowce, plus tard promu au grade de conseiller secret dans la police du royaume de Pologne, et comme tel, ramené ici par le général Rozniecki.

— Le misérable a feint de ne point connaître le général. Il raillait ses plans... que sais-je ?

— Vieille ruse, jeune homme, vous en verrez bien d'autres pour peu que vous continuiez vos relations amicales avec les oiseaux de son espèce. J'ajourne au reste mes avis à ce sujet ; pour le moment, j'ai des choses plus pressantes à vous dire ; d'abord, que votre divine Diane, dont messire Marchocki se proposait d'exploiter le nom, comme le général se propose d'exploiter le vôtre, a échangé son carquois contre des ailes, et s'est envolée par-dessus étoiles et soleils.

Ensuite, que vous êtes gardé jusqu'à nouvel ordre dans le palais enchanté du grand magicien qui d'un coup de baguette crée des mondes, renverse les Czars et fonde des républiques de trente millions d'hommes ; enfin que la noblesse insurgée se croyant trompée par le prétendu délégué du gouvernement de Varsovie, est allée soulever, pour son propre compte, les districts du sud, et paraît être plus hostile que favorable à messire Marchocki.

— Je sais déjà tout cela ; quelles conséquences en tirez-vous ?

— Trois décisives : premièrement que les projets de messire Marchocki sur la Circassie deviennent inexécutables ; ensuite que, si vous n'êtes pas un aventurier de pure race, ceux du général le deviennent également ; enfin que le royaume de Minkowce, de puissance agressive va sans doute devenir puissance assaillie ; comme corollaire net de ces trois observations, j'en conclus que nous n'avons plus rien à faire ici, et qu'il faut tâcher de retirer notre épingle du jeu le plus proprement possible.

— D'accord, mais comment ?

— Ceci regarde votre serviteur ; donnez-lui seulement votre parole, que lorsque vous serez à l'abri des tigresses amoureuses, des mouchards et des ambitieux, vous tâcherez de lui procurer un petit coin de terre où il puisse exercer païsiblement son industrialisme.

— Il l'a.

— Alors, fiez-vous à lui; et le grave majordome sortit.

— Bah, à qui diable se fier dans cette infernale chaudière, pensa le sergent las de ces fatigans prodiges; ma foi! au hasard, c'est le meilleur conseiller pour ceux qui n'en ont pas besoin, et le moins importun pour ceux qui ne peuvent point s'en passer.

Boleslas passa ainsi trois jours dans une langueur pleine de soucis et d'inquiétudes.

Le quatrième il descendit au salon où il trouva le docteur causant avec cinq ou six gentilshommes en tschamara, en bonnets blancs, en bottes rouges, la moustache pendante et la carabelle au côté. Il sut plus tard que c'étaient messieurs S***, R***, S*** et C***, hommes fiers, courageux et dévôts. Les deux derniers, d'un âge avancé, avaient long-temps rivalisé avec Marchocki de prodigalité et de bizarrerie. Ne sachant que faire de leur intimité dans des steppes où leur humeur remuante ne trouvait point d'autre aliment, et leurs immenses richesses d'autre issue, ils s'étaient fait pendant dix ans une guerre de chevaliers errans afin de se donner un prétexte quelconque de traités, de tournois, d'orgies, de diétines, de ruptures où pussent venir tous les six mois s'abimer les trésors de l'Orient, les caves des Madziars et les harras de l'Ukraine. Cette langue immense de forêts, de lacs et de bruyères que limite à l'ouest le Dniester, à l'est le Borystène, oubliée depuis un demi-siècle derrière les Carpates, avait embaumé dans le tabernacle de son obscurité toutes les vieilles grandeurs de la république des Jagellons. Le Varsovien aux manières moitié russes moitié françaises, que le commerce ou la curiosité jetait comme par hasard dans le tourbillon de ce monde étrange, se croyait au milieu d'une race ressuscitée; race de géans en effet qui attendait l'attouchement de la liberté pour secouer ses oripeaux de sérail, et échanger ses dagues de comédien et ses turbans de satrape contre la baïonnette et le schako.

A l'écho du vingt-neuf novembre, les inquiètes énergies qui, jusqu'alors, faute de place, avaient étouffé sous la poignante lassitude de leur désœuvrement, s'étaient vite jetées dans la carrière de la révolution. De la Baltique à la Bessarabie, du Borystène à la Prosna, tout fermentait.

Pendant son séjour au château de Minkowce, Boleslas eut le loisir d'étudier le caractère des Polonais méridionaux. Il fut successivement présenté à tous les hôtes qui visitèrent ce lieu renommé ; les uns l'abordaient avec le respect empressé qu'il avait trouvé dans sa première entrevue avec les dupes de Rozniecki, les autres, probablement étrangers à ce drame bizarre, avec la franche mais simple cordialité que l'on voue à un jeune compatriote, récemment arrivé du foyer d'où émane le mouvement. Il remarqua chez tous, trois sentimens dominants : peu d'estime pour messire Marchocki, une grande impatience d'action excentrique, et malgré cela une déférence aveugle aux avis des émissaires Varsoviens.

Le docteur s'était apparemment aperçu du refroidissement de Boleslas à son égard, car il l'évitait avec soin ; ce qui confirma encore davantage les défiances suscitées par le majordome.

Messire Marchocki se montrait rarement dans les pavillons réservés au public. Il feignait d'ailleurs beaucoup d'indifférence envers le sergent ; au fond, ce sublime charlatan devenait de plus en plus impénétrable.

Au bout d'une semaine, R*** et les frères S*** quittèrent le château de Minkowce, S*** et C*** les suivirent de près. Peu à peu les salles où s'assemblaient ordinairement les nombreux hôtes de Minkowce devinrent désertes, sombres, tristes.

Boleslas s'étant persuadé l'impossibilité d'échapper à la mystérieuse surveillance qu'il croyait s'exercer sur sa personne, s'enferma chez lui, n'admettant en sa présence que le gros Wopata, dans lequel il reconnut les qualités réunies du dogue et de la truie.

Trois mois, trois longs mois de dégoûts et d'ennuis passèrent ainsi, en pesant sur le crâne bouillant du bâtard, comme pèse un étouffoir sur le louveteau tombé dans le piége. Amour, fureurs juvéniles, espérances, ambition, tout s'émoussa aux rondeurs monotones et aux commodités accablantes de cette existence de Carme. D'ailleurs, quoique doué de facultés remarquables, Boleslas n'aimait point les exercer; il y avait en lui un besoin de mouvement indéterminé, une soif de l'impossible qui détournait sans cesse son âme de toute application immédiate, vers des aspirations étrangères à sa véritable vocation, si jamais les hommes de son genre peuvent avoir une *vocation*. L'étude, lente, ingrate, rampante, comme sont obligés de l'accepter ses véritables esclaves, était une gêne intolérable pour cette organisation galvanique que chaque compression irritait, qui ne voulait marcher à l'éclat que par bonds et par jets, qui ne concevait pas de paradis sans ivresse, d'amitié sans duel, de gloire sans bruit.

Il essaya de trouver dans sa bibliothèque un royaume de pensées qu'il pût soumettre à l'arbitraire de son jugement. Sa prodigieuse puissance de conception lui ayant ouvert dans un seul éclair, les labyrinthes à l'exploration desquels les intelligences obtuses dépensent toute leur vie, il possédait à dix-sept ans la clef de plusieurs langues, celle de toutes les sciences exactes, et celle des cinq grandes écoles philosophiques de l'Allemagne. La nature lui avait en outre donné le goût des arts et l'abondance inventive qui fait le poète. Tout autre, armé de cet arsenal, aurait escaladé les régions de l'infini et trouvé d'immenses consolations dans la contemplation de l'Univers intellectuel. Cette richesse de savoir aurait suffi à son ardeur et étanché les délires de son âme ; il aurait écrit de sublimes épopées, découvert des mondes nouveaux, bouleversé les systèmes existans, conquis des races entières ; un Marchocki armé de ces trésors aurait en dix ans laissé sur le globe une trace ineffaçable de lumière et désespéré le pouvoir éternel... Mais il aurait fallu que cet homme fût un homme de volonté..... Or, Boleslas était privé de ce multiplicateur sans lequel la création n'est qu'une matière morte, qu'une unité sans agrégation, qu'un chaos d'atômes isolés.

Il commençait tout avec une fiévreuse ardeur, avec des prétentions extravagantes, traçant son devis sur des proportions gigantesques; mais au milieu de l'ouvrage, un retard, une contrariété, un moucheron assis sur sa plume dérangeait l'impulsion de son cerveau, et tout était jeté de côté pour faire place à un caprice aussitôt déshérité lui-même par un autre caprice encore.

Pendant sa captivité il ébaucha dix constitutions, quinze plans de campagne, trois catéchismes mystiques, trois principes de philosophie et un nouveau système astronomique. Il tenta la solution des problèmes les plus abstraits; il traça des esquisses de tragédies, de roman, d'odes, de tout ce qui a un nom ou une forme quelconque dans l'expression de la pensée humaine; et que l'on ne s'imagine pas que ce fût un simple barbouillage d'écolier! Une seule de ces œuvres, achevée, lui aurait assuré l'immortalité, car l'élément de chacune d'elle portait le seing d'une hardiesse titanique, et même dans son état d'embryon aurait étonné les plus audacieux utopistes ; mais... qu'est-ce qu'un fœtus... fût-ce même le fœtus d'un christ ou d'un monde...

Puis quand il avait noirci des rames de papier, crayonné les marges de vingt volumes, usé les pointes de ses compas, laissant sur chaque page un chef-d'œuvre suspendu et un pari engagé, il renversait la table d'un coup de pied et se mettait à marcher en rond autour de la Diane, sifflant, chantant, sautillant comme un singe attaché à un pilier. Puis il s'arrêtait devant un carreau pour embrocher quelque pauvre mouche dégourdie par la chaleur, ou bien pour admirer les dessins du givre sur le verre, et écrire dessus les noms de Jeanne et de Sosthénia dans une auréole transparente, arrondie à la vapeur de son haleine. Quelquefois les bouillons de son sang fouettés par les rêveries de la solitude troublaient son cerveau, allumaient ses sens, portaient un tremblement convulsif dans toutes les régions de son être; des desirs d'Hercule agitaient son cœur et le secouaient dans sa brûlante poitrine comme l'étalon d'Ukraine que réveille le sifflement de l'arcan; ses fureurs lascives se ruaient à la fois sur la création tout entière; ses amours de tigre flairaient la sueur et le sang, le bizarre et l'infâme, les pudiques archanges du ciel et les gorgones nues de l'Érèbe. Il lui semblait alors que la chaleur du soleil n'eût pas suffi à la sienne, que le cynisme de son regard eût fondu les glaces du pôle, que la moiteur de son haleine eût fécondé le néant... Mais si, par un retour sur le passé, l'une des sœurs aimées se présentait à ses souvenirs, c'était comme une rosée du ciel tombée sur l'écume d'un volcan... Il se sentait pétrifié de honte, attéré comme une jeune fille surprise un livre obscène à la main; trois révolutions pareilles eussent suffi pour le tuer.

A la suite de chacun de ces paroxismes il devenait gauche et timide envers lui-même comme s'il eût constitué deux individualités séparées ou deux sexes différens s'observant l'un l'autre. Il était vraiment misérable le pauvre fou!

Pour bannir de son imagination prostituée tout cet olympe de Dieux paillards, effrénés et paresseux, il évoquait le plus souvent possible les chastes ombres de ses douces amies. Mais par cet effet bizarre d'aspiration distinctive qui caractérisait son double amour, des deux absentes, la duchesse avait alors l'avantage. Elle n'avait pas besoin de palpiter dans les bras de Boleslas pour nourrir ses ardeurs; elle gagnait même à l'éloignement. Dans le clair obscur de l'incertain, son image revêtait l'auréole de la vierge, les nuances de l'arc-en-ciel, la souplesse de la nue ballotée au souffle des chérubins; à distance elle devenait poussière de diamant, bouffée de parfum, quelque chose d'infini et de radieux que l'on pressent dans certains songes édeniens sous les premiers feux de l'aurore. Sosthénie, c'était la beauté profane et mondaine, la beauté qui provoque l'analyse et se dépouille volontiers de toute abstraction pour se livrer avec orgueil aux adorations de la matière ; c'était la femme par excellence, ce qu'il y a de plus positivement désirable parmi les êtres mortels. La duchesse c'était la beauté chatouilleuse qui fuit vers l'Éther pour échapper au scalpel de la chair et n'être caressée qu'à travers le télescope de l'intuition. Sosthénia, c'était la houris du commode et joyeux paradis de l'Arabe ; la duchesse, c'était l'Éola soufflée dans une larme du Christ, la maîtresse mystique du solitaire, fantôme plus doux à poursuivre qu'à posséder.

Voilà au moins les définitions auxquelles était arrivé le sergent à force de bonne foi, mérite bien plus difficile envers soi-même qu'envers les autres, et encore n'était-il parvenu qu'à de ronflantes sentences qui n'établissaient aucune véritable démarcation entre ses passions de tête et de cœur, entre son imagination et son amour. Après bien des syllogismes balayés par des soupirs, il reprit le parti de ne plus raisonner les bêtises de son cœur, et il chercha des distractions dans ses alarmes politiques.

Malheureusement il était encore moins

fait pour les spéculations sociales que pour la philosophie de l'amour ; s'il eût été un ambitieux comme les autres, il aurait de suite cherché à tirer parti de l'erreur ou des calculs de Rozniecki. Il aurait saisi à chaud le premier vertige des conjurés, et se serait bien vite guéri de sa folie pour se faire proclamer généralissime des confédérés. Quoiqu'en raille messire Polakowski, c'est toujours doux et gentil de galoper dans les intervalles d'une armée qui vous porte jusqu'au trône de Dieu dans les tourbillons de son encens et dans l'écho de ses *hourras*.

Peut-être répugnait-il à un *martyr* de se faire l'instrument d'un Rozniecki, de lui vendre son âme pour un éclat éphémère, de marcher à la conquête de la république universelle en croupe d'un mouchard chamarré. Bien, mais tout autre à sa place aurait cherché à fuir Minkowce pour rejoindre les insurgés, et à se faire soldat rebelle afin d'éviter un rôle dangereux ou honteux ; un vrai patriote aurait agi de la sorte.

Mais il paraît que Boleslas n'était précisément ni un ambitieux ni un patriote, quoiqu'il y eût en lui l'étoffe de l'un et de l'autre ; c'était un enfant au cœur brave, à la tête exaltée, à l'âme paresseuse. Les obstacles ne l'effrayaient pas, mais le dégoûtaient ; ce qui était bien pis. Peut-être était-il moins surveillé qu'il ne se plaisait à le croire, mais ce préjugé fournissait un prétexte honnête à son indolence, et le dispensait de tenter une évasion ; Dieu lui était pourtant témoin qu'il ne s'amusait guère dans son donjon..... Devinez l'homme... surtout l'homme précoce qui a tout ce qui fait le héros sans avoir rien de ce qui fait l'homme...

VI.

Un jour, de grand matin, quelqu'un demande à être introduit chez lui; il crie au valet d'ouvrir et il voit paraître messire Marchocki, accompagné du docteur tenant sous le bras une énorme liasse de journaux; le souverain de Minkowce, mis, contre son habitude, à la française, était pâle et sérieux; le docteur, qui depuis long-temps avait évité l'œil du sergent, avait ce jour-là un air d'insolente gaîté; son regard semblait brûler et percer à jour les objets, balayer l'espace devant lui, provoquer en duel toute l'espèce animée; il était dans son jour de triomphe, le juif baptisé. Boleslas eut presque peur.

— Mon enfant, dit messire Marchocki, en entrant de suite en matière, j'ai attendu que vous soyez entièrement rétabli pour vous communiquer la volonté du général Rozniecki aux soins duquel vous avez été confié.

— La volonté du général Rozniecki? s'écria avec violence le jeune homme en jetant ses draps et sa couverture par terre, je ne me crois soumis à la volonté de personne; d'ailleurs je n'ai jamais été malade depuis mon entrée chez vous, et je ne comprends rien à tout ce que vous me dites.....

Messire Marchocki fit un geste de la main et continua sans s'émouvoir, pendant que le docteur ramassait les draps et emmaillottait son patient.

— Le docteur nous a, jour par jour, donné le bulletin de votre santé, et nous vous avons jugé, pendant ces trois mois écoulés, incapable de soutenir un entretien raisonnable; tâchez aujourd'hui de ne pas faire mentir l'heureuse nouvelle de votre guérison, et écoutez-moi avec patience.

» Votre langueur a été d'autant moins préjudiciable à votre fortune et à la nôtre, que le général avait besoin de ce délai pour mûrir ses projets et étudier les hommes qu'il s'était proposé, avec un peu trop de précipitation, d'employer sous vos ordres ; l'événement a prouvé que les insurgés, dont le général espérait utiliser le patriotisme, auraient été incapables de comprendre la profondeur de nos vues, et ne sont bons qu'à des émeutes féodales ou à des escarmouches de Cosaques ; leur égoïsme provincial gauchement combiné avec les indécisions du gouvernement semimonarchique, semi-anarchique, qui a exploité quelque temps le royaume par l'intermédiaire du prince Lubeckoï et d'un aveugle soldat, nommé, je crois, Chlopicki, aurait sans cesse entravé nos larges idées sur la Slavonie-méridionale, et réduit une révolution continentale aux proportions d'une guerre de Gentillards.

» Béni soit le hasard qui nous a sauvés d'une imprudence, et emparons-nous des élémens que nous livrent des combinaisons moitié prévues, moitié fortuites. Les tergiversations des Varsoviens, sans doute mortelles pour eux, nous ont ouvert, à nous, un champ immense d'action ; non que je me réjouisse de ce que ces braves écoliers vont se faire égorger sous leur jolie capitale, lorsqu'ils auraient pu, en se portant sur la Dzwina, biffer dans un trait de sang les aigles impériales ; mais voyez-vous, mon enfant, il faut, tout en s'humiliant devant les caprices de la Providence, en tirer le meilleur parti que l'on peut ; partant, je trouve que l'écoulement de toute la puissance Czarienne vers la Vistule, nous nettoie une charmante arène de cinquante mille lieues carrées, où Dieu aidant nous aurons à pêcher et à tailler. Abandonnant donc tous ces bons Polonais de l'ouest et du sud à leur étoile, nous avons résolu de recoller les riches débris du pestellisme moscovite, et de trouver dans le Czarat même de quoi détruire le Czarat ; cette idée, à dire vrai, n'est ni aussi neuve ni aussi généreuse qu'une révolution chastement polonaise ; elle nous est même déjà volée par le Czarewicz, et si Son Altesse était moins stupide, elle aurait déjà levé l'étendard de la rébellion contre son frère l'usurpateur et nous n'aurions plus rien à faire sur ce terrain. Heureusement le général Rozniecki est là pour le surveiller et empêcher qu'un butor ne s'arroge l'industrie des gens d'esprit. Les réserves, les garnisons des trois goubernies Lithuaniennes, les corps de Tolstoï, de Rudiger et de Krassuski, encore dispersés en deçà du Niémen et du Bug, sont précisément les troupes les mieux travaillées par les mécontens ; tous les officiers ont pour croyance la Trinité fédérative de Nowogrod, de Moscou et de Kiiow, pour ressource l'obéissance animale des recrues, pour étendard le premier prince frondeur de la famille impériale ou le premier général étranger d'une réputation établie. Depuis la mort de Pestel, ils ont successivement porté leurs vues sur le Grand-Duc Michel, sur les généraux Jermolow et Paszkiewicz ; enfin sur le Czarewicz Constantin. Le général Rozniecki, bras droit de ce dernier, s'est depuis quelque temps emparé de leur confiance, il les remue et les tient en haleine au nom d'un malheureux fou, qui, sevré de ses habitudes de caporal et des petites intrigues de Belvédère, se laisse aller à tous les vents, noyant ses soucis et ses alarmes dans le punch et dans les baisers de sa blanche Jeanne.

» Maintenant que le général a exprimé de ce nom tout le prestige nécessaire à l'organisation d'une puissance infaillible, il trouvera facilement le moyen de s'en débarrasser; ceci le regarde. L'unique drapeau qu'il croit pouvoir donner aux mécontens, c'est vous; prince du sang ou non, il faut que vous acceptiez vos droits ou votre rôle, n'importe. Je ne sais à la faveur de quelles conjectures ou de quelle fable vous passez parmi les mécontens pour le bâtard de l'Empereur. Ruse ou vérité, votre situation nous convient, votre jeunesse nous intéresse, votre libéralisme nous séduit, votre esprit fera le reste; vous n'avez pas oublié la guerre des faux Dymitry, et la résurrection de Pierre III dans la personne de Pugatscheff. La Russie est le pays des revenans, des voleurs et des bâtards; il n'y a point d'ambition impossible dans un empire d'esclaves et d'aventuriers.

» Si réellement vous tenez à la famille impériale, par quelque lien inconnu, que le parricide ou le fratricide ne vous effraie pas; vous aurez pour excuse l'ignorance de votre origine, pour absolution la sainteté de votre cause; si, comme il est probable, le préjugé seul vous gratifie d'un rang que tant de gens d'esprit vous envient, vous seriez un niais de le refuser.

» Il est donc convenu que vous êtes entièrement sain de corps et d'esprit, que vous êtes un bâtard sacrifié par la fausse honte du Czar, qu'un sublime héroïsme vous fait renier un père dont les tyrannies révoltent l'Europe, que vous immolez vos affections de famille à vos opinions politiques, et que vous appelez la Russie à la conquête de son indépendance. Dans quelques jours d'ici je vous apporterai des nouvelles décisives; en attendant, employez votre temps à étudier les cartes de la Russie et à feuilleter Jomini, Machiawel, Ancillon et Guizot; il sera nécessaire de ne pas ignorer entièrement la stratégie et la politique, et quoique vous soyez certain de trouver cent génies disposés à vous épargner les épines et les veilles du pouvoir, des connaissances générales unies à un aplomb particulier, relèvent singulièrement les princes dans l'opinion vulgaire, et fardent l'autorité d'un éclat convenable.

» En tout, mon enfant, ne vous abandonnez jamais aux fébriles impulsions de votre faiblesse. Quelque bizarre, quelqu'ironique, quelque pervers même que vous semble d'abord un principe, ne le jugez jamais avec votre cœur, arbitre, prévenu et emporté qui soumet la logique à la passion, l'avenir au présent et la Providence à la fantaisie ; avant de donner un nom à une chose, rappelez-vous, mon cher enfant, que chaque faction a une autre langue pour s'exprimer et qu'il n'y a rien d'absolu dans la nature humaine. Avant d'estimer vertu ou crime, droiture ou erreur, ce que le hasard livre à votre appréciation, rappelez-vous que le déplacement d'un chiffre dans une date chronologique, renverse des époques entières et expose les esprits exclusifs aux plus absurdes contradictions ; rappelez-vous encore que tous les grands mots de patrie, de nationalité, de souveraineté collective, ne sont que de l'égoïsme en grand, et que de tous les égoïsmes, l'égoïsme individuel serait le moins égoïste, si l'univers pouvait devenir une seule famille; rappelez-vous, enfin, que la Providence ne s'inquiète point des instrumens, mais des fins, qu'elle bâtit les mondes les plus harmoniques avec des contrastes, qu'elle détruit les couches usées par les couches nouvelles, c'est-à-dire, les pères par leurs fils; qu'elle se sert du mal pour faire le bien, qu'elle ne vit que d'anomalies et ne triomphe que par l'ingratitude. Je ne sache pas qu'on l'appelle pour cela ingrate, parricide ou égoïste; tout le monde l'admire et s'incline devant son incompréhensible toute-puissance; pourquoi ne l'imiterions-nous pas?....

» Avec ces maximes naïves, obscures à force de clarté pour les hommes communs, feu mon frère a préparé, dans la Slavonie, une révolution dont les siècles futurs sentiront peut-être les bienfaits; héritier de sa mission, je m'arme des élémens rassemblés par soixante ans de méditation et de persévérance, et je demande hardiment à Dieu le prix de ses travaux et des miens ». Là-dessus, il tendit une main blanche et chargée de diamans au jeune homme et sortit en laissant le docteur avec lui.

Boleslas, croyait sortir d'un rêve; durant ce long discours auquel la fascinante majesté du vieillard avait donné je ne sais quel reflet nécromant, le sergent n'avait pas changé de posture; il n'avait point observé le docteur qui, occupé à ranger par dates les journaux qu'il avait apportés, avait, d'ailleurs, fait semblant de ne rien entendre.

— Eh bien! jeune homme, dit le juif baptisé, au sergent immobile, dès que la porte se fut refermée sur messire Marchocki, vous décidez-vous?

L'insolence du docteur tira Boleslas de sa méditation; il brûlait de l'étrangler, mais le desir d'en apprendre quelque chose le retint, et il lui demanda, sans aucun signe aprent d'indignation, s'il n'avait pas rencontré quelque part le majordome.

— Ah! ce Bohémien, chassé par cinq maîtres pour vol et ivrognerie... Ma foi, je ne m'occupe pas des gens de son espèce.

— C'est donc un vaurien?

— Pis que cela, c'est un misérable qui fait le métier de double espion et se fait payer par six partis à la fois, défiez-vous de lui ; mais laissons çà là, j'ai à vous communiquer des nouvelles d'une autre importance. Avant-hier, le général Rozniecki, puisque c'est bien lui, nous a expédié un courrier avec de précieux avis sur le Czarewicz, auxquels il a joint cinq collections complètes de journaux Var-soviens, savoir : *la Gazette, le Courrier, la Nouvelle Pologne, le Mercure et le Polonais Consciencieux.* Diable! diable... il s'est passé bien des choses de l'autre côté du Bug, depuis que vous l'avez traversé en compagnie du grand-Duc. Il faut avouer que le royaume de Minkowce est furieusement en arrière et par trop isolé du système européen ! Ne pas avoir su seulement que l'armée impériale avait passé le Niémen.

— Passé le Niémen ! s'écria Boleslas, sautant tout nu hors de son lit.

— Bah ! bien mieux que cela, regardez plutôt, et le docteur tendit un tas de papiers au jeune homme qui se précipita dessus avec la curiosité d'un sauvage.

En voyant l'écusson de la Pologne indépendante en tête de trois bandes d'impression, le sergent bondit de joie et oublia toutes ses préventions contre le docteur. Il dévora avidement une dixaine de proclamations, des récits d'escarmouches, des rapports, des comptes-rendus de séances parlementaires, des odes à la liberté, des avis en caractères monstres, feuilletant, bouleversant, parcourant les colonnes de bas en haut et de haut en bas, sans pouvoir saturer son impatience, ni calmer son délire. Les noms de Wysocki, de Lelewel, de Chłopicki, de Radziwill, tremblaient, s'allongeaient, se multipliaient sous ses yeux comme des masses d'armées, comme des couronnes d'étoiles voilées et dévoilées par les nuages. Il fut un grand quart-d'heure sans rien comprendre de ce qu'il lisait, saisissant au hasard des termes et des titres dont son imagination baptisait d'incompréhensibles hiéroglyphes; il crut voir comme des sillons de toutes couleurs, filer sur les lignes, teindre en rose, en jaune, en écarlate certains passages que sa prunelle aspirait sans oser en porter le sens à son cerveau; il tomba enfin sur une page couverte d'énormes lettres, bien pleines, bien noires, bien alignées; il la lut trois fois tout haut, en frappant le parquet du pied et en scandant sa voix comme un chant d'Eglise ; à la quatrième, il se sentit inondé d'une trombe de lumière. Il se vit tout-à-coup sur le champ de Grochow, enfermé avec trente mille désespérés dans un cercle de deux cent mille baïonnettes, et de trois cents gueules de canons; en cinq minutes de temps il vécut cinq jours et cinq nuits sous le roulement incessant de la canonnade et des feux de pelotons; au milieu d'un océan embrasé il aperçut une petite île sur laquelle planait un archange cuirassé ; il portait pour auréole les deux mots : *Bois d'aulnes*. Colonnes, escadrons, batteries, flammes, grêle de fer, venaient se briser contre ce petit point brun d'où sortaient des voix étranges, puis de secs grincemens, puis de larges nappes de fumée blanche qui couchaient tout dans la poussière à une demi-lieue à la ronde ; tout-à-coup il vit un torrent de vif-argent jaillir de la montagne de bronze qui faisait face à l'île, et la plaine, jusqu'alors pourpre de rage, poussa un long soupir et pâlit; le torrent s'allongea, tourna l'île par les deux flancs et l'étouffa dans un embrassement mortel; Boleslas sentit un crêpe s'affaisser sur ses yeux, mais aussitôt un cri de triomphe retentit du fond de l'abîme, et il ne vit plus qu'une forêt de lances inclinées, balayant le torrent de ses flammes écarlates, puis des crinières fendant l'espace comme une nuée de condors qui volent à la conquête du désert.

Il avait lu la sublime épopée de la grande semaine du 18 au 25 février. Il pleurait comme une femme ; sa poitrine soulevée par le galop de son cœur résonnait comme une brèche battue par le canon ; ses lèvres semblables aux rouages d'une pendule dérangée, sonnaient, murmuraient sans ordre et sans frein, prononçaient au hasard les mots d'aile gauche, d'aile droite, de pas de charge, de liberté, de sacrifice, de mort, de triomphe.

Il saisit une tringle de lit et se rua sur le mur en criant hourra! hourra! du sang! du sang d'esclave pour la sainte Liberté! Il était bleu, gonflé, écumant, il faisait mal à voir. L'impassible docteur en fut attendri ; ses traits jaunes exprimaient une profonde émotion. Pendant dix minutes le renégat eut un cœur et une patrie.

— Par l'ombre des Machabées, Juif donne-moi la liberté, et je te fais prince, roi, citoyen, Moïse..... je te rends ta Palestine sainte et fière comme aux jours de Samson et de David... Monsieur, au nom de Dieu, faites-moi sortir de cette atroce prison afin que j'aille mourir avec ce quatrième de ligne qui crache dans ses bassinets pour ne combattre qu'à la baïonnette, avec ces batteries qui n'ayant plus de mitraille lancent les ferrures de leurs affûts, avec ces lanciers qui ôtent les brides à leurs chevaux pour ne s'arrêter que contre des remparts de morts. Oh! monsieur! monsieur! vous voyez bien que je mourrai de honte... Et ce cinquième de ligne où j'ai servi... que pensait-il de moi dans le bois d'Aulnes et à Bialolenka... Oh! mon Dieu! mon Dieu! je pourrissais dans ce sale duvet tandis qu'à lui seul il faisait face aux vingt mille grenadiers de Szachowskoï... pendant qu'il retirait les balles de ses plaies et les renvoyait encore rouges et chaudes à l'ennemi... Grand Dieu! j'en mourrai..... Et le pauvre jeune homme se précipita vers la fenêtre.

Le docteur n'eut que le temps de le saisir par les jambes; il le fit d'abord glisser par terre; puis moitié par violence, moitié par persuasion, il le ramena vers son lit et le logea sous les couvertures.

Boleslas épuisé par son exaltation tomba dans un profond assoupissement. En se réveillant il trouva le majordome assis familièrement au pied de son lit, enveloppant les colonnes de la *Nouvelle Pologne* dans des nuages de fumée de tabac, et plongé dans la lecture de cette feuille archi-progressive.

— C'est toi, mon gros Wopata?...demanda le sergent en écartant les rideaux.

— Oui, monsieur..... vous ne faites donc que dormir? Il serait temps cependant de songer à autre chose...

— A quoi diable veux-tu que je pense dans cette maudite cage?... Ah! si tes promesses libératrices n'étaient pas des gasconnades, je sais bien l'emploi que je ferais de mon courage et de ma jeunesse!..

— Oh! je parie que c'est le juif baptisé qui a ébranlé votre confiance dans mon dévouement... Vous ne vous doutez seulement pas des efforts que je fais pour vous donner la clef des champs.

— Mon cher, voilà plus de deux mois que tu me tiens le même langage ; je ne nie pas ta bonne volonté, mais il paraît que tu t'es abusé sur tes ressources et que tu n'as pas assez pesé les obstacles qui s'opposent à notre évasion.

— Bon ! bon ! s'écria le ventru, fâché, en jetant pipe et journaux par terre, je vois que le renégat vous a déjà ensorcelé ; ma foi, essayez de sa protection, quant à moi je ne veux plus me mêler de rien.

Il ramassa sa pipe, se leva et sortit, laissant le sergent repentant de sa brusquerie.

Un jeune domestique entra avec le dîner ; c'était un garçon attentif et raisonnable. Boleslas qui avait eu plusieurs fois déjà l'occasion de le distinguer parmi la nombreuse et bavarde valetaille du château, voulut connaître son opinion sur le docteur et le majordome.

Le jeune homme lui raconta en quelques mots l'histoire de leur rivalité. Depuis trente ans réunis par un singulier concours de hasard, ils se sont toujours détestés, se nuisant l'un à l'autre par tous les moyens imaginables. Le juif, homme d'esprit et de tact s'est tiré avec décence de plusieurs situations suspectes; le bohémien, ignorant, mais audacieux, est parvenu à se donner une réputation de savoir-faire qui lui tient lieu de véritable habileté. Le juif est discret, décidé et froid; le bohémien est bavard, enthousiaste et charlatan; le premier employé par Rozniecki dans la police secrète du royaume *constitutionnel* porte avec lui une renommée honteuse qu'il ne paraît cependant pas mériter; le second usé dans les ridicules services du royaume céleste, n'est guère respecté que des tigresses et des marmitons. Le premier sait beaucoup mais ne peut rien; sa dépendance à l'égard de tous les partis et la défiance, motivée ou non, qu'il inspire à ses amis comme à ses ennemis, neutralisent sa volonté et le rendent incapable du bien comme du mal. Ses hautes facultés critiques, son éloquence, sa perspicacité ne servent qu'à lui faire des envieux, et comme au fond il est généreux et sensible, il ne peut même pas employer à nuire la puissance qui le fait redouter. Placé sur quelque scène éminente du monde politique, ce serait un homme très-remarquable ; mais dans le cercle étroit et ingrat où son origine et sa mauvaise étoile l'ont relégué, il dépense son génie en phrases et fatigue son imagination à réhabiliter des choses médiocres ou ignobles. Habitué par amour-propre à grandir messire Marchocki, et à révéler à certaines personnes le sens caché de ses bizarreries, il a acquis au plus haut degré le talent de dramatiser le ridicule ; mais au fond de ses plus grands éloges perce la saine observation qui se révolte contre sa dépendance ; c'est le soupir d'un banni oublié, vers une noble et glorieuse patrie. Obligé par métier de sonder les hôtes de son maître et de lui rendre compte de leurs pensées, il s'acquitte de sa malheureuse mission avec toute la délicatesse que l'on peut mettre dans une action infâme. Il parle beaucoup lui-même pour ôter à sa victime l'occasion de le faire; il lui insinue d'une manière impalpable le besoin de la réserve, et ôte d'avance à la vanité le desir de se compromettre en l'écrasant tout d'abord par le poids de son talent, et en l'effrayant par l'évidence de sa supériorité. Il en résulte qu'avec lui on apprend plus qu'on ne pourrait lui en apprendre ; aussi, ses délations ne sont-elles guère dangereuses, et en lisant ses *comptes-rendus*, plus d'un amour-propre serait piqué de l'indulgence avec laquelle il s'y trouverait traité.

Indépendamment de cela, le docteur a un côté tout-à-fait noble. C'est la satisfaction, l'orgueil presque que lui inspire le triomphe d'une bonne cause. Chose incroyable dans un agent de police, ce juif cosmopolite par position, moine par impuissance (maître Mentzel a eu dans sa jeunesse un fâcheux accident), voltairien par dégradation, incrédule à force de science, cet Asvérus sans foyer, sans affections, sans croyance, sans perspective ici-bas ni là-haut, ce Paria inconnu de ceux même qui l'admirent, s'est pâmé de joie à la nouvelle de la révolution de novembre. Il dévore les journaux, parcourt les cartes, fouille ses cartons, expédie des courriers, écrit jour et nuit aux insurgés Podoliens. Qui n'aurait pas sondé le fond de son âme, le prendrait certainement pour un agent provocateur. Depuis trois jours

il ne dort plus, ne mange plus, ne parle plus;
son enthousiasme muet et emprisonné dans
l'habitude de dissimuler, se consume en lui-
même, ne se trahissant que par des grincemens
de dents et de longs soupirs aussitôt comprimés par une réserve de routine. Voilà cependant un homme qui a été l'émule de Makrot
et de Birbaume dans l'épouvantable comité
inquisitorial qui a provoqué le désespoir des
Varsoviens!

Je n'ai pas continué le parallèle commencé
entre le juif et le majordome parce que, sorti
du cercle d'une rivalité vulgaire, il ne serait
plus soutenable. Le mépris dont le juif paie
la haine envieuse et colère du bohémien, suffit pour juger leur situation réciproque. Le
bohémien, au fond, bon diable et serviable, a
d'ailleurs sur le juif la supériorité du hasard;
il ne s'est pas trouvé dans la nécessité d'accepter de vils offices, ce qui a laissé à sa fa-
conde un air d'indépendance batailleuse qui
séduit. Mais cet étalage de franchise et de
hardiesse n'a pas d'objet, et mousse dans le
vide; il n'est utile à personne et ne sert qu'à
rallier autour du majordome l'opposition de

bas-étage; le ventru est adoré des cuisinières et des garçons d'écuries, mais voilà tout. Autant le docteur est mal vu et mal placé dans le royaume théâtral de Minkowce, autant le majordome y est à son aise.

Quant au parti que vous pensez tirer de ces deux hommes, ni l'un ni l'autre ne peut vous être utile. Le docteur vous fera de belles phrases, le majordome de belles promesses; mais n'attendez d'eux ni votre perte ni votre salut.

— Mais vous, mon enfant, d'où sortez-vous pour avoir une si vaste et si juste connaissance des hommes, demanda le sergent au domestique que ce discours avait placé très-haut dans son estime.

— Je sors du gymnase de Krzemieniec, monsieur, où j'ai été élevé par la charité de monsieur Sobanski. De retour dans mon village, j'y ai trouvé les recruteurs Moscovites qui m'ont réclamé comme propriété de la couronne. Pour échapper au dyby, aux verges et à l'exercice, je me suis fait marmiton dans le royaume de Minkowce, refuge ordinaire des paysans qui ne se soucient pas de tirer sur les Circassiens, les Turcs et les Polonais. Le jeune domestique salua et sortit.

— Assurément voilà une fleur sur un fumier, pensa Boleslas. Au reste, je suis bien aise de savoir à quoi m'en tenir à l'égard des deux ministres du roi de Minkowce, et je vois qu'il ne faut plus compter que sur mes propres efforts pour sortir de mon donjon.

Il passa l'après-dîner et une partie de la nuit à méditer son plan d'évasion ; il bâtit mille projets, se donna tour-à-tour des admonitions et des encouragemens ; calcula les obstacles, essaya de ramasser dans une seule conception toutes les chances de réussite ; puis revenant à des déterminations déjà dix fois prises et dix fois abandonnées il chercha à s'inspirer dans le passé. Malheureusement son expérience était si bornée et son énergie si mal éprouvée, qu'il ne trouvait point au fond de sa conscience de quoi rassurer son ardeur passagère. Il s'endormit cependant avec la résolution de se lever de grand matin et de descendre dans les jardins pour reconnaître le terrain.

Il ne se réveilla qu'à dix heures.

D'abord il fit semblant de se fâcher contre lui-même et se jeta à bas de son lit avec précipitation et mauvaise humeur. Ensuite il réfléchit et se dit que la journée étant déjà avancée, il ne lui restait qu'à remettre sa reconnaissance au lendemain. Deux heures se passèrent en regrets, deux heures en indécision ; à trois heures il ne pensait plus à ses projets et lisait tranquillement les aventures de Doswiadczynski. Le lendemain, puis le surlendemain, puis une semaine, puis un mois s'écoulèrent ainsi.

Parfois le malheureux pleurait de rage en lisant les journaux que le docteur lui apportait régulièrement tous les deux jours. A la relation des victoires de Dembe, il retomba dans son délire, et à la nouvelle des soulèvemens Lithuaniens, il eut une attaque d'épilepsie ; mais la paresse l'emportait sans cesse, et son esprit ajournait chaque matin les inspirations de son cœur.

Vers la mi-avril, l'invasion de Dwernicki en Volhynie, couvrit de son proche tonnerre tous les échos lointains, et ébranla toutes les provinces du Sud dans une immense et unique vibration; l'éclat de cette comète éphémère effaça les autres lueurs. Un grand silence se fit dans la steppe, jusqu'à ce que le géant fût passé. Cet incident tua l'influence de messire Marchocki. La noblesse conjurée, déjà mal disposée à son égard, s'en détacha tout-à-fait pour courir au devant du héros de Stoczek et de Boremel; mais d'abord elle se confédéra sous le commandement d'un vieux général nommé Kolysko, et rassembla vingt escadrons dans les plaines de Krasnosiolka.

Tout le sang de la petite Russie reflua ainsi vers les deux pôles opposés de la Podolie. Les uns se portaient sur le Styr, les autres sur le Boh. Le royaume de Minkowce se trouva isolé au milieu de ces deux torrens excentriques.

Moitié dépit, moitié pénétration, Marchocki affecta un superbe dédain pour tous les deux, en disant du général victorieux que ce n'était qu'un sabreur; des confédérés, que ce n'étaient que des gentillards attroupés pour le carnaval. Depuis la fuite de la Circassienne, toutes ses espérances se rattachaient aux intérêts de cet immonde Rozniecki qui, proscrit par les Polonais et méprisé des Russes, cherchait à s'abriter contre les uns et les autres sous le chaos d'une révolution générale. Marchocki ne l'estimait pas plus que les autres, mais il répondait à cela avec autant d'esprit que d'immoralité, que la véritable politique consiste à user le crime en l'employant à polir le monde. Il répétait sans cesse que l'on ne demandait pas à la statue si elle avait été taillée au fond d'un bourbier par le fer du galérien, ou bien si elle avait été ciselée par Canova sous la voûte bénie d'une église.

Tout en se consolant de son désappointement par des paradoxes, messire Marchocki commençait à s'inquiéter de leur impuissance. Il entrevoyait le moment où même le fer du galérien viendrait à manquer à la sculpture de ses impudiques chefs-d'œuvre.

Rozniecki, toujours auprès du Czarewicz, pour lors à Nieswiez, écrivait à Marchocki que leur perspective, d'abord si vaste et si lumineuse, commençait à perdre son horizon ; que le grand-Duc éclairé par sa femme manifestait des répugnances qui lui avaient été étrangères jusqu'à présent, et qu'il n'accueillait plus le général avec le même empressement ; que le malheureux fatigué des rôles ridicules et dangereux que lui faisaient jouer tous les partis, paraissait enclin à conclure une paix décisive avec son frère le Czar, ce qui l'obligerait nécessairement à sacrifier ses conseillers, parmi lesquels, lui, Rozniecki, se trouvait le plus compromis ; que les mécontens, touchés par les larmes et les prières de Jeanne qui connaît les faiblesses et l'incapacité de son époux, avaient renoncé à le mettre à leur tête et ne paraissaient guère mieux disposés en faveur d'un autre chef ; que cependant l'apparition du bâtard relèverait sans doute leur confiance et qu'il serait bientôt temps de leur montrer ce drapeau de réserve. Dans une seconde lettre il lui disait que les victoires récentes des Polonais en Wolhynie et en Podlachie, leur terrible attitude sur toutes les lignes d'opération, et surtout l'insurrection de la Lithuanie ayant coupé toutes les communications et absorbé toutes les inquiétudes, les relations entre les affiliés se trouvaient interrompues ; qu'il serait intempestif de compromettre le bâtard, et qu'il était d'avis de laisser passer la bourrasque. Dans une troisième enfin, évidemment griffonnée sous l'impression d'une profonde alarme, Rozniecki écrivait à son ami que leurs projets étaient en partie dévoilés ; que le général devait à la seule terreur de son nom de n'être pas encore arrêté ; que le Czarewicz poussé à bout par les instigations de sa femme avait résolu d'envoyer à l'empereur les chartes des conjurés et d'aller se jeter à ses pieds pour implorer sa clémence ; que cependant son indécision ordinaire tenait tout encore en suspens, et qu'il était encore possible de tout sauver en levant de suite l'étendard de la rébellion.

Qu'en conséquence, le bâtard n'avait qu'à arriver de suite au quartier-général des réserves où tout était préparé pour un coup de main. Le général ajoutait dans un post-scriptum que la gravité des circonstances légitimant toutes les mesures, la mort du

Czarewicz et de Jeanne Grudzinska ne devraient point le surprendre si leur trahison venait à menacer trop sérieusement le salut des conjurés. Le nom du fameux Orlow, empoisonneur héréditaire de la couronne, se trouvait vaguement mêlé aux projets du général qui annonçait à Marchocki que ce *bravo* lui avait offert son amitié et ses services.

VII.

A la suite de cette sinistre missive, le souverain de Minkowce, accompagné du docteur et du majordome, entra un matin dans la chambre de Boleslas et lui signifia l'ordre de se préparer à partir. Sa parole était brève et impérieuse, sa face rayonnait d'orgueil, ses yeux limpides comme des diamans lançaient des lueurs phosphorescentes; il était terrible. Boleslas comprit que toute observation serait inutile.

Le majordome, placé derrière, faisait au sergent des signes stupides et toisait parfois le docteur qui, enveloppé dans son impénétrable résignation, ne bougeait pas plus que la Diane de marbre, debout en sentinelle entre les quatre acteurs de cette scène décisive.

En sortant avec leur souverain, chacun des deux acolytes laissa tomber un papier derrière lui.

Boleslas courut les ramasser.

La lettre du docteur était de quatre pages ; elle contenait des choses admirables, mais tout-à-fait inutiles à la situation où se trouvait le sergent. L'ambition de Marchocki y était dénoncée avec autant de finesse que de prudence, et l'infamie de Rozniecki y paraissait à nu sous une gaze sanglante d'ironie et d'apologues. La question vraiment nationale et patriotique, résumée dans un point d'interrogation, et cinq virgules, dominait tout ce spirituel bavardage de son solennel silence.

Le circonspect moraliste ajoutait dans un imperceptible post-scriptum que Sosthénia était parmi les insurgés Podoliens, que les jours de Jeanne se trouvaient en danger, et que le royaume jusqu'alors neutre de Minkowce, serait bientôt assailli par les Russes et les Polonais à la fois. Ce dernier avertissement perdu dans un des plis du papier était voilé sous de prudens pâtés d'encre, et barbouillé de queues et de faux jambages. Le sergent mit à le déchiffrer deux fois plus de temps qu'il ne lui en avait fallu pour relire trois fois les quatre pages.

— Assurément, se dit le jeune homme, voilà un beau chapitre d'étude sur le cœur humain; mais du diable si je ne lui aurais pas préféré une échelle de soie et une carte du labyrinthe de Minkowce.

Le post-scriptum fit une toute autre impression sur lui. A l'autre, maintenant...

C'était une enveloppe de chandelles sur laquelle le bohémien avait barbouillé une caricature de plan topographique qui, vu d'un côté ressemblait à un torchon étendu au soleil, de l'autre à une marmite pleine de résiné et d'un autre encore à une chauve-souris. Une tache blanchâtre grattée à l'ongle, à peu près au centre de la carte, figurait le château avec ses deux ailes; des lignes rousses tracées à tort et à travers indiquaient les issues qui, soit négligence du topographe, soit fidélité minutieuse d'exécution, s'enlaçaient comme dans un écheveau de fil brouillé, et n'aboutissaient nulle part. Le tout était illustré du titre de *Royaume de Minkowce*, écrit en majuscules gothiques, entre un quatrain contre le docteur et un hymne à la Liberté.

Boleslas ouvrit la fenêtre pour tâcher de s'orienter à l'aide de son plan ; une bouffée d'air frais et parfumé, pareille à une chevelure dénouée, enveloppa sa figure, lui ferma les yeux et lui ouvrit la bouche ; une douce ivresse le prit au cerveau et au cœur, promenant les doigts d'un ange invisible sur ses fibres et leur faisant rendre des notes d'une indicible harmonie ; il entendit des chœurs lointains, il se sentit caressé par des robes blanches et molles comme l'écume d'un torrent ; il aspira une vie nouvelle, et en ouvrant les yeux, il lança sa pensée à travers un océan de verdure, qui ondoyant au loin allumait ses franges au miroir ardent de l'aurore.

Au front du firmament balafré de sillons violets et roses dans sa lutte contre les vents vaincus et les neiges dispersées, planaient de longs rubans d'oiseaux voyageurs, tantôt plissés en zigzags, comme la couronne des Lombards, tantôt serpentant comme une fusée; parfois sombres et immobiles comme des regards recueillis, ils cherchaient leur ancienne patrie sous ces draperies nouvelles et se traçaient, dans les airs, le partage de leur conquête. Boleslas, emporté par une vague rêverie attacha son âme à l'un de ses aérostats, se roulant, se déroulant comme elle, puis comme elle s'écartelant en croix aux quatre coins du monde pour retomber en ruisseaux avides sur une terre choisie.

Tout en enviant la liberté et en admirant la science de ces habiles pélerins, il observa que deux de leurs colonnes se dirigeaient vers certaines éminences où scintillaient trois coupoles cachées comme un vers luisant dans une touffe de verdure; il pensa que cette étoile polaire, pourrait également le guider, et il essaya d'en trouver la position sur le plan du majordome, mais en vain.

Quelque fût cependant le danger de s'égarer dans ce bizarre dédale où le génie des architectes et des ingénieurs s'était épuisé à désorienter le raisonnement et à heurter les sens, le sergent avait fermement résolu de courir les chances d'une évasion. Le dernier ordre de messire Marchocki avait ajouté à ses répugnances ordinaires, l'horreur d'une exploitation que les triomphes des Polonais rendaient ou inutile ou infâme; à quoi bon faire la guerre au Czar en qualité de parricide ou de charlatan, quand il était si noble et si facile de la lui faire en qualité de soldats polonais? L'espoir de retrouver ses amies était aussi pour beaucoup dans la résolution du sergent, et quoique ce stimulant fût le dernier à s'avouer, il n'était pas le moins puissant.

Par suite même de la nature ingrate de son amour, depuis le départ de Sosthénia, la duchesse occupait plus exclusivement les pensées de l'inconstant enthousiaste. L'image de cette pâle et languissante créature, grandie au prisme de la distance et bercée dans le vague de l'inconnu, tourmentait les songes du prisonnier; le dépit de n'en avoir pas été remarqué, augmentait sa passion ; parfois des accès frénétiques de jalousie, venaient ajouter à sa soif d'amour. Cette frêle écharpe de soie sur les jambes bottées du farouche Czarewicz, ce colibri sous le simoun d'une haleine avinée, cette fleur dans une mare de sang, le glaçait de dégoût ; alors il tombait dans ses injustes théories sur la femme en général ; il la disait faite pour l'esclavage et la honte ; un empire, fût-ce celui de Proserpine, un diadème, fût-ce celui de Gorgone, lui semblaient capables d'attirer toute la race femelle au fond des enfers, et il enveloppait la duchesse dans ses malédictions ; c'est qu'il l'aimait ou croyait l'aimer.

Il faisait ces réflexions en marchant à grands pas autour d'une table chargée de boîtes à toilette. Il la heurta, et en fit tomber un long sac de cuir vert qui rendit un accord de notes sourdes ; par une coupure entr'ouverte brilla un écusson en argent brodé sur un fond bleu, et Boleslas reconnut aussitôt la bourse pleine de ducats qui lui avait été donnée dans la voiture, et qui ayant perdu toute valeur dans son abondante et commode captivité, avait été complètement oublié parmi ses effets.

— Vengeance de Dieu ! s'écria-t-il, voilà bien un trésor de circonstance ; du diable, si je n'ouvre pas toutes les portes, et ne découvre pas toutes les issues avec ce fil d'Ariane !

Il fit trois fois encore le tour de sa chambre, en faisant claquer sa langue contre son palais, et en brisant glaces et porcelaines avec une canne qu'il tournait dans sa main sans s'en douter. Il mit un carton sur sa tête, s'enveloppa dans un rideau, cacha sa blague pleine d'or dessous et sortit dans une agitation couvulsive et en chantant des couplets obscènes. Le valet de service dans l'antichambre, resta muet et cloué à sa place ; un horrible tremblement s'empara du malheureux, et il n'eut même pas la force de crier au fou ; les ours qui gardaient l'escalier, prenant le fugitif pour tel, le laissèrent passer, en grognant d'une voix qui ressemblait passablement au rire humain. Il descendit ainsi dans un vaste parterre tout fleuri, sans être remarqué ; alors il pensa que peut-être la peur et la défiance avaient seules monté la garde à sa porte, et que durant ses quatre mois de captivité imaginaire, il n'avait dépendu que de ses propres alarmes.

— Quatre mois d'esclavage volontaire! quatre mois de lâche désespoir! Fallait-il être stupide! se disait-il, en jetant son claque de papier et en pénétrant dans les taillis : si je le racontais, on ne me croirait pas.... c'est....

A mesure qu'il s'enfonçait dans le fourré, ses soupçons se confirmaient, tout était désert et muet; ni gardes, ni barrière, rien qu'une forêt primitive, noire, profonde, humide, silencieuse; il se retourna pour dire adieu au château; mais déjà un massif de sombre verdure, arrondi en cintre sur sa tête et pendant jusqu'à terre comme les franges d'une tente, arrêta son regard en avant et en arrière.

Il s'avança donc au hasard avec un orgueilleux sentiment de liberté, décapitant les tendres bourgeons avec sa canne, foulant d'un pas rapide des peuplades de marguerites et de primevères, se frayant un arc triomphal à travers branches, mousses et lianes. Crainte, obscurité, inquiétude, tout en lui se noya dans une joie printanière, dans une tendresse de fils pour cette riche création qui lui tendait ses bras amoureux, et lui ouvrait un asile sous ses ombrages édeniens. Il conçut pour la première fois l'ivresse du désert ; ce bonheur immense que Dieu donna aux premiers hommes, aux bords de l'Euphrate ; ce bien-être sans fin que la Vierge catholique rêve avant de mourir.

Il courut ainsi pendant une demi-heure en écartant de mystérieux rideaux, et en enjambant de grands saules couchés par terre; il ne s'arrêta qu'à l'entrée d'une vaste clairière, ménagée au milieu de la forêt, comme un sanctuaire druidique. Là, il lui sembla qu'il revêtait une robe d'ether et que le ciel tout entier, descendu dans une brise, le baisait au front ; il s'assied sous le poids de ce baiser, accablé d'une délicieuse lassitude, perdu dans une extase pareille à celle qu'il avait éprouvée sur le sein de Sosthénia, mais moins étourdissante, moins lascive. Il entendit autour de lui un concert de gazouillemens, de murmures, de vibrations, de petits cris voluptueux, qui, dominés tous par le grave soupir des arbres, se disputaient dans un idiôme inconnu avec des sylphes cachés dans le sein de la terre. En levant les yeux, il vit douze étages flottant de verdure, qui, partis du fond de la clairière, s'élançaient les uns par-dessus les autres pour se devancer à l'entrée du firmament. Le plus haut gradin de cet escalier géant, couronné de panaches bruns et jaunes, jouait avec un petit nuage barbu qui semblait garder les parvis divins, et seul faisait tache sur l'immense dais des cieux ; c'était comme l'échelle de Jacob, comme l'escalade des Titans, comme l'orgueil de la pensée humaine.

Parfois toute cette armée de dômes et de houppes s'agitait doucement comme un grand divan de velours, parfois se ridait et brunissait comme la crinière d'un lion ; alors les rayons du soleil contrariés sur ce fond indocile, pétillaient en écume de colère, coulaient en lave rougeâtre, roulant des tourbillons de poussière vermeille dans les sombres crevasses de l'édifice ; tout l'escalier ébranlé comme les vagues de la mer, se nuançait par bandes irisées, pareille à l'ichneumon en fureur; l'alignement des gradins, confondu alors dans un seul plan raboteux, laissait saillir de grandes têtes pensives, des ogres échevelés, de maigres squelettes debout en sentinelle sur d'autres groupes de crânes couleur de bronze et de topazes; le feuillage écarté comme un caphetan, laissait entrevoir les grandes plaies du granit et de longues veines endolories qui semblaient gémir sous les feux importuns de la lumière; puis tout, doucement remis à sa place par quelques bouffées du sud, se recueillait dans une majestueuse contemplation de soi-même.

L'œil de Boleslas descendu par degrés de la cime de cette énorme pyramide aux intimes richesses de sa base, s'enveloppa dans la jouissance de ce monde solitaire. Le bâtard plongea ses regards altérés dans les pudiques ombrages de la clairière, qui, comme des filles amoureuses, se fardaient le front à l'ardeur du ciel et cachaient leur sein sous d'épaisses dentelles de lierre et de lichens. A travers ces broderies, apparaissaient, çà et là, de longues galeries de portiques, au fond desquels palpitaient des mystères sacrés; c'étaient comme des cœurs réfugiés dans la nuit du silence, comme l'hostie de la nature enfermée dans d'inviolables tabernacles ; pour protéger ces pystils créateurs contre les indiscrétions du soleil, de vieux saules étendaient leurs chevelures argentées en travers, et la platane, arméé de son large éventail, se balançait sur le berceau des nouveaux-nés, en fredonnant des airs monotones, comme une nourrice qui chasse de mauvais rêves. Des colonnades de peupliers, des aiguilles de pins, couronnées de corniches or-vert, des bouleaux blancs, frémissans et flexibles comme des marabouts, de lourds piliers de chênes et d'ormes, soutenaient le toit de ce temple magnifique sur leurs cent mille bras, et de leurs pattes osseuses déchiraient le sol pour s'abreuver de ses larmes limpides.

Et les larmes du sol, repleurées par les feuilles, retournaient au sol et tombaient en cadence comme sur les verres d'un harmonica. Elles rencontraient parfois une longue pyramide de lumière, qui, délayée en arc-en-ciel par leur rosée, aspirait des myriades de cousins, de moucherons et de demoiselles, pour les faire voltiger dans son orbe et jouer avec cette poussière de rubis.

L'un de ces petits mondes, ramassé tout entier par une large feuille de tournesol, vacilla doucement dans l'air, remonta un peu, puis descendit rapidement et vint se poser sur la cime d'une de ces immenses fourmillières qui bouleversent les forêts de la Pologne; on eût dit l'arche, s'arrêtant sur l'Ararat, ou un ballon européen naufragé dans une île inconnue. Les indigènes ligués en noirs bataillons contre ces conquérans étrangers, ouvrirent de suite la tranchée autour de l'arche, puis la soulevant d'un commun effort, la firent glisser sur la pente du cône, d'où les tribus des étages inférieurs la précipitèrent dans un ruisseau clair et profond qui coulait aux pieds de Boleslas.

Le sergent, placé à quelques pas, sous le courant, vit, avec un orgueil enfantin, cette colonie exilée, voguer vers lui à pleine voile; il l'appela de son sourire, l'encouragea de ses gestes; il se fâcha contre les curieux narcisses qui l'arrêtaient en penchant la tête, cria gare au paresseux nénuphar, qui, les pattes écartées et la tête au soleil, encombrait le passage; il agita l'eau avec son pied pour rompre les digues du fleuve, et ouvrit une issue bouillonnante à ses protégés.

Puis il leva la tête pour voir s'il y avait un autre dieu que lui dans ce royaume de fleurs, de rosée, d'insectes et de parfums ; il se trouva seul... seul avec de gros frênes obesses, renversés en arrière et tout enlacés de houblon et de convulvulus, comme des sylènes couronnés et assoupis dans l'ivresse. Le long du ruisseau, cinq énormes saules éventrés, abritaient dans leur creux des petites forêts de rejetons, et chauffant paisiblement leurs crânes pelés et noueux, regardaient faire le jeune homme d'un air paternel. Tout respirait pour lui la bienveillance et le respect ; tout ce qu'il y avait d'animé dans la clairière s'était donné rendez-vous à ses pieds. Là, un de ces larges champignons du nord, dont les enfans se font des parasols, servait de tente parlementaire à la diète générale des nombreuses peuplades de la vallée ; c'était précisément à la saillie du coude du ruisseau, à mi-distance de la grande fourmillière, des cinq saules et du fourré, dans une situation géographique, stratégique et commerciale d'une égale importance pour toutes les races. La proximité des hautes herbes aromatiques y attirait jusqu'aux abeilles, aristocratie de la vallée, habitant une autre clairière toute proche de celle-ci. Les fourmis, les cousins, les bêtes-à-bon-dieu, les papillons gris, les mouches, plèbe active, jalouse et remuante, autre part en guerre et contestations perpétuelles, respectaient religieusement la neutralité du gros champignon et s'y traitaient avec la courtoisie imposée aux mythologies anciennes et nouvelles par messire Marchocki, dans son temple cosmopolite. De là, s'élevait un bourdonnement incessant, un mélange d'accens de toute espèce, un charivari infini de frôlemens, de sifflemens et de bavardage ; on eût dit un hymne à une providence commune, dans les langues réunies de l'univers.

La nature, nourrie long-temps sous sa bonne fourrure de neige, avait changé de costume avec une merveilleuse rapidité. Rien ne peut donner aux Occidentaux, une idée de la brusque transition des saisons dans le midi de la Pologne ; en deux semaines d'avril la végétation y atteint toute sa splendeur, et toutes les espèces animées ressuscitées en un jour, puis comme Adam, mûries sans enfance, répandent les richesses de leur vie avec une folle énergie, s'étourdissant de suite dans l'ivresse de leur naissance. On entend les bourgeons claquer en se fendant pour livrer passage à la feuille impatiente ; la fleur précoce et éphémère, comme une indienne du tropique, brille, embaume et meurt dans un tour de soleil ; la verdure passe de la nuance jaune au sombre, s'épaissit et s'élance sous le pinceau d'un badigeonneur invisible; en sept jours la terre secoue son linceul et se fait paradis comme dans la première semaine de la création.

Boleslas vit aborder la feuille de tournesol sous son pied, dans le bassin protégé par l'ombre du champignon. La confédération courut tout entière à la rencontre du navire ; mais les impitoyables fourmis, les curieux narcisses, les paresseux nénuphars, les bouillons du fleuve, en avaient chassé la garnison ; il ne restait sur sa proue qu'une demoiselle estropiée et presque coupée en deux par un fil de soie; les moucherons et les cousins l'entourèrent avec des cris d'étonnement et de douleur ;

les fourmis, plus résolues, se précipitèrent sur la feuille qui faisait eau de toute part; elles s'attelèrent bravement au fil et aux ailes mouillées du pauvre géant et le traînèrent sur le rivage, à l'admiration unanime de tous les confédérés, qui s'abattirent par nuées sur sa robe d'azur pour en pomper les sucs et en enlever les perles; les insectes à trompe firent entendre un long fanfare de victoire, et le fourré tressaillit de joie jusque dans ses plus intimes profondeurs.

Un seul témoin ne partageait pas cette fête, c'était Boleslas; ce méchant brin de soie rivé au corsage de l'insecte avait détruit tout son rêve; il l'avait ramené sur la terre réelle, dans ces limbes de l'industrie servile où on travaille pour souffrir et où l'on souffre pour travailler; il se rappela en un instant qu'il y avait des hommes pour lier de pauvres bêtes, qu'il était lui-même un de ces hommes, qu'il fuyait et cherchait ses pareils pour briser et forger des fers, pour écraser et reconstruire des trônes, pour courir après un fantôme appelé Liberté, surnommé fanatisme, désiré et maudit de tous.

Déjà tourmenté et maussade, il chercha à se soulager en se détachant, par une puissante volonté, de ces nâvrantes réflexions; il se remit à contempler sa jolie clairière, son frais ruisseau, sa majestueuse forêt; mais les bouleaux ne lui rendirent plus son salut, ni le ciel son sourire; les gros saules le regardèrent de travers, et l'onde toute troublée, tourna son reflet en caricature diabolique; les frênes débarrassés de leurs guirlandes, de sylènes se faisaient satyres et lui lançaient des mottes de mousse boueuse à la face; le front du soleil se cachait sous un crêpe; un spectre invisible jeta sa grande ombre sur les émeraudes de la prairie et glissa à travers en couchant l'herbe sur son passage; le champignon, déraciné par la bourasque, découvrit un large crapaud jaune et roux qui fixa ses gros yeux de verre sur Boleslas.

Le jeune homme bondit d'horreur et poussa un rugissement auquel répondirent des ricanemens sinistres.

Il ne vit plus que spectres, crapauds ailés, monstres de toute forme et de toute couleur ; le lierre, décousu des arbres, sifflait en avançant ses feuilles plates et pointues comme des têtes de vipère ; le vent ronflait dans les troncs entr'ouverts, comme dans des orgues crevés ; les ombres s'épaisissaient de plus en plus, et les oiseaux soucieux tenaient conseil dans les airs pour convenir d'une retraite.

Boleslas courait çà et là, inquiet, alarmé, cherchant un passage à travers les broussailles et les lianes ; à chaque pas des ronces épineuses l'enlaçaient dans leurs griffes, et les mûres sauvages se cramponnaient à ses jambes, en bavant du sang et de l'écume. Déjà quelques gouttes de pluie tombaient avec bruit sur les feuilles lisses et dures des chênes ; le murmure radieux des insectes faiblissait à chaque instant, et le vent retenant parfois son haleine, comme le trompette qui va sonner la charge, cédait la parole à des coassemens mélancoliques et aux cris des fauvettes se disputant l'abri des plus larges feuilles. Puis il se fit un grand silence ; les lierres, les feuilles, les mousses abandonnés à leur poids se collèrent contre les arbres, comme les voiles d'un vaisseau surpris par le calme ; pas une mouche ne remuait, pas un jonc ne vibrait.

Boleslas regretta son donjon, il aurait alors accepté toutes les propositions de Rozniecki, renié la Pologne et vendu les deux Circassiennes et son trésor pour une parole humaine ; il poussa un long appel de détresse semblable au vagissement du chacal par le clair de la lune ou aux cris d'un enfant qu'on étouffe ; mais rien, rien ne répondit ; rien que l'écho, puis un éclair qui fouettant le zénith de sa queue flamboyante vint s'abîmer sous les herbes, à quelques pas de Boleslas. Le sergent, alors sous un grand orme, se rappelant que les têtes altières provoquent la foudre, traversa la prairie et courut se blottir dans un de ces troncs bas et ouverts, qui, semblables aux hommes simples, protégent sans humilier. De là, il faisait face à la grande forêt ; il porta ses yeux hagards tout au haut de l'escalier. Le petit nuage barbu était pourpre de fureur ; il s'enflait, se balançait, tournoyait, se délayait en mare sombre, toute rayée de jaune et de bleu, comme le cou d'un pendu ; puis couvrant d'un pan de son manteau, les plus hauts gradins et écartant ses ailes d'épervier, il allongea la tête vers la clairière, et rasa les cimes des pins et des peupliers, descendant toujours, descendant sans cesse. Un second éclair, suivi d'un fracas épouvantable, le hacha en dix grosses pelotes, qui, s'écartant, comme les éclats d'une bombe, ouvrirent les cataractes du firmament; de larges crevasses livrèrent passage à des fuseaux de lumière rouge, qui éclairèrent l'immense escalier du haut en bas; les gradins bouleversés en une seule masse, roulaient comme des bouillons de lave; leurs aigrettes, leurs panaches, leurs couronnes, leurs festons emportés dans les serres des nuages, pleuvaient avec les torrens.

Devant Boleslas s'éveilla tout-à-coup une trombe couvée long-temps dans le silence de la clairière; d'un bond elle se rua sur la pente de la forêt, et montant de touffe en touffe, piétinant sur ces dômes comme une phalange de Goths sur une tortue de boucliers, elle fendit la nue et se prit corps à corps avec les éclairs sur le dernier échelon de la montagne. Il y eut là pendant dix minutes un combat épouvantable entre le ciel et la terre, entre les fleuves fatigués d'attendre dans l'Éther, et les vents relancés par le sol en piles voltaïques et en colonnes de poussière. La forêt écrasée sous ce double choc comme un champ de blé sous les pieds de deux armées, tombait par énormes flocons; elle ondoyait tout entière comme un seul plumet rugissant des blasphèmes hideux, des juremens de damnés. Pendant ce temps-là la pluie s'arrêta presque, et toute la furie des élémens refluée vers les régions supérieures de la montagne, laissa la clairière dans un calme horrible; on eût dit un asile sous un échafaud, une bouche béante sous l'épée de Damoclès. A peine si par ricochet, arrivait de minute en minute quelque bourasque égarée, quelque goutte perdue. Déjà les joncs et les fleurs se relevaient, en secouant leurs chevelures humides et en se disant bonjour; les insectes commençaient à bruire sous l'herbe foulée, quelques pinsons enhardis par le silence s'élançaient de leurs retraites pour fêter le retour du soleil, lorsqu'un tourbillon accompagné de craquemens saccadés colla la moitié de la forêt contre la montagne, et vint se rouler jusqu'au fond du bassin, poursuivi par des torrens d'eau et des flèches de feu. Les nuages avaient vaincu.

L'onde chassée en biais, bondissait en écume crêmée contre le sol et les troncs. L'ouragan, tournant sur lui-même, redressait ce qu'il avait couché; puis comme la faucille ou la trompe de l'éléphant, ramassant herbes et branches dans une seule gerbe, les faisait voltiger dans les airs. Les vieux chênes s'arrachaient leurs barbes mousseuses et les lançaient à la face du ciel. Les bouleaux et les saules se fouettaient avec leurs longues chevelures; les pins écorchés vifs, tendaient leurs bras pour ressaisir les bandes de leur écorce qui, emportée par les cataractes comme des barques de sauvages, fauchait les branches voisines, puis pleuvait en grêle humide.

La montagne sillonnée de trois torrens vomissait ses entrailles et laissait entrevoir le granit palpitant sous ses chairs dépouillées. Des cadavres d'ormes couchés en travers rejetaient les cataractes par-dessus, jusqu'à ce que soulevés eux-mêmes par d'autres débris, ils s'abîmassent avec, en labourant un large ravin pour les poursuivans. Ce déluge balayé dans tous les sens par les vents indécis, forma d'abord comme une grande mer de brouillard ; mais quand il se fut condensé sous le poids des nuages qui, remplaçant leurs lignes de bataille par de fraîches réserves, se pressaient et descendaient sans cesse, la clairière s'inonda tout-à-coup. Les herbes et les joncs avaient beau se dresser sur la pointe des pieds, battre l'onde de leurs ailes et hausser la tête ; l'écume les couvrait déjà en les baisant au front ; les fourmis montées à la cime des plus hauts roseaux criaient pitié ; les chenilles roulées dans des feuilles gommées résistaient encore, mais enfin une rafale vint envelopper les vagues dans son souffle de simoun, et jusqu'au dernier roseau, jusqu'à la dernière arche sombrèrent... Le lac tout entier couvert d'une nappe de mousse montait avec une vitesse effrayante.

Boleslas, chassé de son tronc, se sentait

suffoqué; l'air lui manquait. A force de bras, et s'accrochant de branche en branche, il gagna enfin une petite éminence couronnée de troncs courts, trapus et chauves, qui, ne donnant prise ni au vent ni à l'électricité, reposaient comme de vieux dogues dans une arène de coqs. Boleslas maudit son sac de ducats qui gênait ses mouvemens; il avait été trois fois sur le point de le jeter à l'eau; en s'armant de ce talisman prétendu tout-puissant, il ne s'était guère douté du genre de gardien qu'il aurait à corrompre; il n'avait pas prévu qu'il y a des dangers, que tout l'or du Potose ne saurait conjurer.

Le malheureux pleurait à chaudes larmes, sa stupeur avait fait place à des regrets d'enfant. Il se sentait soif, faim et sommeil; ses jambes écorchées par les ronces comme les pins par l'ouragan, saignaient et bleuissaient; l'eau ruisselait de ses habits et de sa chevelure qui exhalaient une odeur électrique et sulfureuse; il fumait tout entier comme un linge échaudé, comme un cadavre frappé de la foudre.

Cependant le sifflement de la pluie diminuait; l'horizon perdait sa teinte cendrée et commençait à s'élargir ; les gerbes d'eau raréfiées et hachées en gouttes, découvraient une à une toutes les ruines de ce monde bouleversé. Boleslas impatient de sortir de ce tombeau qui, le matin, lui avait semblé un Eden, n'attendit pas l'écoulement des eaux pour quitter sa retraite. Il voulut s'orienter sur la clairière, mais elle était méconnaissable ; il en traversa la partie abordable sans s'en douter. Quelques troncs déracinés lui présentèrent leurs têtes de Méduse ; d'autres ballotés dans des suaires d'écume l'embrassaient de leurs rameaux nus. Les petits arbres attelés aux plus gros comme une fourmillière à un brin de paille, les tiraillaient dans tous les sens, puis sombraient sous leur choc. Le sergent, sautant de bloc en bloc, cherchait des yeux la région de la montagne qu'il avait eue devant lui, et quoiqu'il se trouvât alors précisément en face, il croyait l'avoir tournée par l'un des flancs. Toute la pente ressembla à un bastion battu en brèche, et échancré par la mine. D'énormes pierres tombées à plat sur les saillies du rocher figuraient des autels de Swantowid sur lesquels se dressait le dieu lui-même avec sa carrure gigantesque et ses monstrueuses balafres ; puis tout autour s'entassaient les pins et les ormes, superposés par couches horizontales comme les fagots d'un immense bûcher.

Boleslas longea au hasard le pied des hauteurs et déboucha dans une prairie couverte de ruches renversées ; l'orage reflué vers sa droite lui cachait une large trouée par où il espérait sortir de la forêt et gagner quelqu'endroit habité. Comme il hésitait à poursuivre son chemin, de longs râles plaintifs, puis de lointaines clameurs, retentirent dans la direction même des éclairs ; il entendit, tout à côté de lui, un craquement de branches, se retourna, et vit un enfant, trempé jusqu'aux os, sortir d'une touffe d'aubépine, avec une aiguille, garnie d'insectes, à la main ; le polisson, rouge comme une fraise, se mit à chanter gaiement en comptant ses pièces de gibier ; puis apercevant Boleslas défait, transi, avec un lambeau de rideaux sur la tête, il poussa de grands éclats de rire en gambadant tout autour.

Le sergent reconnut de suite le petit page de messire Marchocki ; il lui demanda, tout confus, ce qu'il faisait dans cette prairie, par cet épouvantable orage.

— Moi?... je fais la chasse aux papillons et aux reines-bleues, répondit l'enfant en s'agenouillant dans l'eau et en tirant un chapelet de pauvres demoiselles, attachées ensemble par un long fil de soie ; ceci, voyez-vous, c'est mon dzérid, dit-il, en brandissant sa broche, et cela c'est mon arcan ; jamais sultan n'a fait meilleure chasse.

— Où étais-tu pendant l'averse?....

— Ici dans la prairie. L'orage, voyez-vous, c'est la moisson du chasseur; moi, quand je vois le soleil roussir comme une galette au four, et le bon Dieu bougonner dans les nuages, vite je prends mon dzérid et mon arcan, et je me place aux aguets, ici, quand le vent vient de plusieurs bords à la fois, tout là-haut, quand les girouettes tournent le bec du même côté; alors, j'attends en me disant : Attention, attention, Stas... voilà que cela vient ; le ciel gronde, les nuages pleurent, les arbres s'éventent, les oiseaux se querellent.

Puis voilà tout-à-coup, clic-clacque... brrr... le diable qui fouette sa femme.... et puis l'ondée, et puis le tonnerre.... et puis les bouffées de vent.... Oh ! que j'aime çà ! le vent avec une grosse pluie, qui claque contre les arbres comme des lanières de cuir sur un tambour ; je souffle contre le vent, je bois la pluie, je me roule dans l'herbe comme une anguille, je dis des bêtises au bon Dieu; puis voilà tout-à-coup l'instant que j'adore le plus : c'est quand les branches, emportées par la bourasque, viennent râcler la prairie, puisqu'il se fait un silence momentané. Alors les papillons et les bêtes à doubles ailes, qui s'étaient cachés sous la mousse et les épis, croyant que tout est fini, s'envolent par grandes troupes; mais tout-à-coup les nuages descendus en noirs chiffons, se déchirent et les mitraillent, puis le vent me les jette à la figure dans des volées d'eau ; j'embroche, j'embroche, je ramasse, je ramasse, c'est une fête, c'est un carnage.... Oh! quel bonheur !...

— Tu n'étais donc pas ici ce matin ?...

— J'y étais au contraire.... Mais je commençais à m'ennuyer... Je n'aime pas les fleurs qui se pavanent sur leurs maigres tiges... ni les oiseaux qui piaillent sous les feuilles tranquilles... ni cette eau qui endort avec son murmure monotone... ni ce soleil qui vous regarde avec son grand œil bête... C'est triste... çà me rappelle les idylles que ma cousine me fait apprendre par cœur... avec cela que les papillons font les fiers et que les demoiselles vous fuient en se moquant de vous... Pendant toute la matinée je n'ai attrapé qu'une méchante reine-bleue, qui encore s'est envolée avec le fil... aussi m'en suis-je bien vengé. Et le mauvais petit sujet secoua son chapelet et sa broche de l'air d'un conquérant.

— Tu n'as donc peur ni des grands chênes qui roulent, ni des torrens qui mugissent, ni de l'éclair qui incendie?... Tu ne sais donc pas que c'est le bon Dieu qui manifeste ainsi sa colère...

— Ha! ha! ha! le bon Dieu!... je m'en moque pas mal; messire Marchocki a dit que le bon Dieu est couché, et que les hommes n'en ont plus peur depuis qu'il a fait pipi dans sa culotte... Tout cela c'est la nature, c'est l'électricité, c'est l'air qui se purge comme un homme après qu'il a trop mangé; il n'y a pas plus de bon Dieu dans tout cela que de vie dans cette chenille écrasée...

— Eh! veux-tu de l'or? lui demanda Boleslas, étonné de cette précoce immoralité, en ouvrant sa blague bleue.

L'enfant examina les ducats, puis les jeta avec dédain, en montrant à son tour des pièces de cuir rondes.

— Tout ton argent étranger ne pèse pas la valeur d'un seul de ces sequins frappés au coin du royaume céleste; tiens, je t'en donne deux; sois économe, mon garçon, de cette monnaie...

Puis, par un de ces retours subits qui caractérisent l'enfance, ce fœtus de démon qui ne craignait ni Dieu ni foudre, qui ne se plaisait que dans la destruction et dans les abîmes, eut peur tout-à-coup de l'étonnement de Boleslas, de ses yeux éteints et de son lambeau de rideau mouillé.

Il bondit et s'enfuit à toutes jambes en criant : Au fou! au vampire!...

Boleslas n'eut pas le temps de refléchir aux singularités du petit diable, car l'orage retournait sur ses pas, et les clameurs qui déjà s'étaient élevées une fois vers la droite, éclatèrent de nouveau, mais plus proches, plus rapides, plus sonores. Une cigogne emportant une couleuvre dans ses serres, fouetta les yeux du bâtard avec la queue du reptile et s'élança vers le nuage d'où semblaient jaillir les voix ; puis un immense éclair, déchirant la brume du haut en bas, en écarta les deux pans comme un rideau de baldaquin. Boleslas aperçut alors un de ces dômes étincelans sur lesquels, dans la matinée, s'étaient abattues des troupes de grues et de cigognes. Il remarqua sur ces tours des herses garnies de grandes corbeilles, et habitées par des oiseaux dont la distance effaçait les formes. Il tressaillit de joie comme l'esquif qui retrouve le fanal, et malgré l'averse qui reprenait de plus belle, il s'élança en avant en se dirigeant sur la lueur des coupoles hérissées d'éclairs.

Les cris approchaient toujours.

En dépassant un bouquet de noisetier, il aperçut une forêt d'aigrettes flottant sur une profonde colonne d'escadrons. Un grand drapeau blanc et rouge semblait les envelopper dans tous ses plis ; les éclairs les entouraient d'une radieuse auréole, et la foudre attirée par les pointes de leurs lances, les liait au ciel par des cordes de feu. Les voix d'abord confuses se cadençaient, s'harmoniaient en un hymne solennel à mesure que le drapeau approchait, et la grande clameur des nuages, répétant le refrain, en portait quelques notes jusqu'au trône de Dieu.

Boleslas s'arrêta, saisi de respect et d'effroi. Le grand aigle blanc qui planait sur le drapeau, le toisa avec dédain, et lui demanda ce qu'il faisait là tandis que sa patrie mourait pour la sainte Liberté ; puis s'élevant, il dévoila douze escadrons qui, les fers inclinés et la tête découverte, achevaient leur chant sacré. *O Pologne chérie, tu as encore des vengeurs!*

A l'instant même le sergent entendit de sauvages hourras derrière les coupoles, puis d'autres voix derrière lui ; il s'élança pour se réfugier parmi les escadrons Polonais, mais ceux-ci se précipitèrent avec tant de fureur vers les coupoles, que Boleslas, désespérant de les atteindre, n'eut qu'à se jeter dans un ravin devenu torrent où il resta plongé dans l'eau jusqu'aux aisselles ; puis il regarda tour-à-tour devant et derrière lui.

Les escadrons Polonais coupaient déjà les dômes dorés en travers, et fondaient la lance en arrêt sur une tourbe confuse de cavaliers qui, rompus au premier choc, s'engouffraient par noirs tourbillons entre deux grands carrés d'infanterie immobiles et hérissés de baïonnettes.

Les Polonais emportés sur les traces des fuyards n'étaient plus qu'à demi-portée des carrés ; ceux-ci firent feu, mais la flamme étouffée dans les tubes, se roula en trombes de fumée et siffla sans éclat ; quelques balles égarées sonnèrent contre les czapska polonais et tombèrent mortes sur les pommeaux des selles.

— Làchez les brides, et hourra sus, s'écria le colonel qui galopait devant la colonne... Hourra sus ! répétèrent les escadrons en filant comme une avalanche sur les carrés et en les faisant plier d'avance sous le souffle de leurs cavales ; puis il y eut un instant de lutte horrible que les éclairs et l'averse enveloppèrent dans leurs plis. Boleslas n'entendit qu'un mélange affreux de blasphèmes et de cliquetis interrompu par les grincemens de la foudre et le cri d'une grande girouette qui dansait joyeusement sur la plus haute des coupoles.

Mais tandis qu'il contemplait cette charge, le bruit augmentait derrière lui ; en tournant la tête, il vit les montagnes du sud couvertes de bataillons, qu'à leur nuance sombre et surtout à leur nombre, il était facile de reconnaître pour Moscovites. Il grimpa sur la rive du torrent et aperçut cinq cavaliers déjà tout proches de lui et que la rive opposée lui avait dérobés. Ils le mirent en joue en lui criant de s'arrêter.

Boleslas reconnut messire Wopata, suivi de quatre cosaques attachés au service particulier de Marchocki. En apercevant le sergent, le majordome s'arrêta tout honteux, feignant de s'affermir sur sa selle et d'examiner ses pistolets ; mais les quatre cosaques, qu'aucun scrupule ne contenait, voyant que Boleslas fuyait malgré leur menace, menace qu'ils hésitaient d'ailleurs à exécuter, atteignirent en trois bonds le bord du ravin et enfoncèrent les éperons dans les flancs de leurs chevaux pour leur faire franchir l'obstacle. Deux des cavaliers montés sur des étalons sauvages, ne pouvant s'en faire obéir, furent obligés de mettre pied à terre ; cet incident gêna le mouvement des deux autres et arrêta toute l'escouade. Boleslas gagna du terrain ; après quelques hésitations, les deux piétons remirent les brides de leurs chevaux à leurs compagnons et se précipitèrent à travers le torrent, le sabre dans les dents et un pistolet dans chaque main.

Ayant ainsi atteint l'autre rive ils s'élancèrent sur les traces du fugitif qui, épuisé de lassitude, commençait à ralentir sa course. Le malheureux se ressouvint tout-à-coup de son sac de ducats ; il en dénoua les cordons et en laissa couler quelques pièces, puis une poignée, puis une longue traînée, espérant distraire l'ardeur des poursuivans. L'un d'eux se baissa en effet pour en ramasser une pièce ; mais voyant que ce n'était qu'un morceau de métal rond, il la jeta avec dédain et reprit sa course ; l'autre qui n'avait pas eu même cette curiosité, n'était plus qu'à dix pas du sergent. Boleslas laissa tomber un des sequins en cuir qu'il avait reçus de Stas, et ne tarda pas à perdre le bruit de pas qui l'avait poursuivi.

Il se hasarda à tourner la tête, et il vit ses deux adversaires, loin de lui, enlacés corps à corps, se disputant le rondin de cuir avec fureur ; il s'arrêta un instant plein d'étonnement ; il entendit deux coups de feu, et l'un des cosaques roula par terre. Aussitôt les deux autres cavaliers lâchèrent les brides des étalons, franchirent le torrent et accoururent châtier le meurtrier et relever le cadavre. Messire Wopata, lui-même, piqua les flancs de sa haquenée et rejoignit ses hommes qui, occupés de toute autre chose que du sergent, lui avaient laissé gagner une avance d'une demi-verste.

A la vue de l'or semé dans l'eau de la prairie, le majordome tressaillit de surprise et de joie ; il glissa à bas de son cheval, et pendant que les deux cavaliers rossaient le piéton à coups de plat de sabre, moins pour le punir de son meurtre que pour lui faire rendre le sequin qu'il tenait dans ses dents, messire Wopata se mit avidement à la pêche du précieux métal. Comme il en ramassait une dernière poignée, le poitrail écumant d'un coursier bessarabien le heurta, et une cravache siffla à ses oreilles.

— A bas cette fausse monnaie ! ou je te la fais fondre dans la gorge, lui cria une voix brève et bien connue.

Le majordome vida vite ses poches et tomba à genoux, en inclinant jusqu'à terre son front qui ruisselait de sueur froide, et se ridait comme sous le couteau d'une guillotine.

— Où est le bâtard? sang de chien, continua le souverain de Minkowce (c'était lui) en faisant piétiner son cheval sous l'étreinte convulsive de ses talons; répondras-tu, charogne de Cham!.... Holà, cosaques! une douche à ce putois, desserrez-lui les dents.

Les trois cosaques accoururent et levèrent leurs sabres sur le majordome.

— Grâce! grâce, monseigneur! hurla le ventru, je vais tout dire; c'est la faute de ces dogues qui, au lieu de poursuivre leur proie, se sont arrêtés pour se disputer l'argent que le bâtard leur a jeté...

— De l'argent, de la fausse monnaie... tas d'Allemands, s'écria le vieillard en hachant les faces immobiles des cosaques avec sa cravache.... Au gibet, race réprouvée.... au gibet!... Stas, en croupe derrière le vieillard, riait aux éclats.

— Majesté, dit le piéton... le majordome en a menti... Ce n'est pas de la fausse monnaie que nous nous disputions, mais bien un bon et neuf sequin de cuir, frappé à votre coin avec un diable et une girouette dessus.

Le sifflement de la cravache cessa, la figure du vieillard rayonna comme un réverbère, sa large bouche se déchira jusqu'aux oreilles ; il devint radieux...

— Pourquoi ne me disiez-vous pas cela, mes enfants, s'écria-t-il avec un bonheur indicible... Et où est-il ce bon sequin?

— Je l'ai avalé, Majesté, pour ne pas le rendre à ces Turcs.

—Le coquin a tué son camarade pour l'avoir, s'écrièrent en même temps les deux cavaliers... Tenez, Majesté, le cadavre flotte là-bas dans une mare écarlate.

— Mes sequins valent bien, pardieu ! qu'on les conquierre à la pointe du sabre !... Bravissimò ! Tu es un franc cosaque, mon garçon... Et le vieillard, joyeux du prix qu'il voyait attaché à la monnaie de sa fabrique, en puisa une poignée dans la poche de sa housse et la jeta au piéton, qui la ramassa avec avidité sous les regards envieux de ses camarades.

— Maintenant, mes enfans, trois fois autant à celui qui, le premier, mettra la main sur le sergent ; l'oiseau ne peut être bien loin ; hourra, ventre à terre! Et pour donner l'exemple, le vieillard lança son bessarabien comme une fusée à travers haies, ravins et broussailles ; le coursier tantôt étendu dans l'herbe, à plat ventre ; tantôt volant à cinq pieds au-dessus du sol, dévorait l'espace en fouettant l'air de sa large crinière et en lançant des nuages de vapeur par les naseaux. « Hourra sus Amir !... C'est le dernier fil de ma gloire qui se détache, mon dernier glaive qui me manque, » murmurait le vieillard en retournant les roues de ses éperons dans les flancs saignans du fier animal. « Hourra sus ou brise-nous contre quelque chêne....

— Hourra sus! chantait Stas debout, sur le dos de la selle. Hourra Amir! chantait-il, la chevelure au vent, les joues pourpres, la bouche ouverte comme pour aspirer d'un trait l'air de toute la prairie.

Les deux cosaques suivaient le vieillard au grand galop, mais un énorme espace les séparait déjà de cette comète; le majordome laissa s'éloigner jusqu'au piéton, regarda prudemment tout autour, ramassa de nouveau son argent, remonta en selle et partit au petit trot, faisant semblant de rajuster ses étriers et d'essuyer ses pistolets.

VIII.

L'orage était passé; la cavalerie Podolienne, victorieuse de la brigade russe, ralliait lentement ses rangs rompus par la charge et comptait ses pertes; elle avait beaucoup de chevaux tués, beaucoup d'hommes blessés, mais peu de morts; les Russes enracinés au sol avaient été cloués au sol; tous dans leurs rangs, chacun à sa place, alignés morts, comme ils s'étaient alignés vivans; tous là, jusqu'au dernier, couchés dans deux grands carrés, comme un parc de bergerie renversé par l'ouragan; tous, excepté un vieux tambour, sourd et aveugle par une éclaboussure de cervelle, qui, debout sur un monceau de schakos, comme une dérision sur un cimetière, exécutait tranquillement le roulement des feux par section.

A la vue d'un homme qui fuyait devant trois cavaliers, un groupe d'officiers Podoliens s'avança au trot jusqu'à une grille de bois peint et doré, qui séparait la prairie des dépendances du château aux coupoles. Boleslas y arriva en même temps qu'eux et tomba presque inanimé aux pieds du mur qui servait de base à cette sorte de palissade; un cri d'étonnement retentit parmi les Podoliens; ils avaient tous reconnu ce bâtard impérial que l'émissaire prétendu du gouvernement Varsovien avait autrefois voulu leur imposer pour chef. Leurs brouilleries avec messire Marchocki et le souvenir de leur mystification avaient tout-à-fait changé leurs dispositions à l'égard de l'inconnu; tous le contemplèrent avec une surprise mêlée de défiance, et les lois de la charité, les engagèrent seules à lui porter secours. On ouvrit la grille, on lui fit avaler une bouteille de vin, et on l'épongea avec un chabraque.

On n'eut pas le temps d'achever cette dernière opération, que la crinière noire du bessarabien siffla dans l'air, et que ses deux jambes de devant se plantèrent raides dans la terre à six pouces de la grille, comme deux flèches lancées par la même corde.

— Salut! messeigneurs, dit le cavalier en faisant claquer sa cravache contre les palissades, quel heureux hasard vous livre à mon hospitalité?... Depuis trois mois je n'ai eu l'honneur d'une si noble compagnie.... Quel gibier vous attire donc par ici... au mois d'avril?.... C'est ruiner la plaine ¡ mes amis....

— Notre gibier est là-bas, derrière cette grande rotonde, allez un peu vous promener par-là, messire, répondit sur le même ton Alexandre S***, qui se trouvait là, le bras en écharpe et la moitié de la figure roussie par la poudre.

— Oh! mauvaise battue, mon Nemrod ; vous vous êtes perdu dans le taillis, à la poursuite d'un vieil ours, tandis que les tigres et les sangliers vous cernent au levant et au couchant ; voyez-vous là-bas ces montagnes dépouillées de leur forêt, par l'orage de ce matin? le Czar, d'un souffle, y a fait pousser une forêt de baïonnettes et de bronze; voyez-vous comme elle ondoie et s'étend par ici: Gare, mes amis!

— Satan prétend que vous l'avez ensemencée, cette forêt. Satan est sans doute un mauvais plaisant. Il prétend aussi que vous êtes chauve-souris, comme lui; votre ami Rozniecki vous prête ses quatre griffes et le vent ses ailes, vous êtes tout et rien, partout et nulle part, volatille et quadrupède, aigle et crapaud; c'est toujours Satan qui parle. Pour le moment, que peut la Podolie confédérée pour le royaume céleste? Parlez, messire, on vous écoute.

Une rumeur de sarcasmes et de persifflage s'éleva derrière la grille, en approbation de cette apostrophe qui résumait l'opinion qu'avaient enfin conçue les patriotes, à l'égard du souverain de Minkowce. Quelqu'adroite qu'ait pu être la neutralité de cet orgueilleux égoïste dont l'ambition consistait à reconstruire l'univers sans l'aide d'aucun parti, quelque succès qu'ait eu jusqu'alors sa tactique, quelque terrifiant que fût son empire occulte, l'époque l'avait vaincu; soixante ans de paradoxes s'effaçaient devant quatre mois d'enthousiasme; les confédérations, la guerre de Kosciusko, les Légions, le grand duché de Varsovie, la restauration, quinze ans de tyrannies moscovites, tout avait glissé sur sa caparace, sans y laisser une tache, sans en avoir arraché un aveu, sans l'avoir ébranlé sur le rocher solitaire d'où il les dominait tous. Cette superbe indépendance qu'aucun parti ne pardonne; ce recueillement dédaigneux que l'insolent vieillard avait affiché comme une pasquinade éternelle sur les ruines du monde; qui l'eût osé?... Tout ce qui aurait tué l'honneur d'un autre avait fait le sien; aussi en avait-il conçu, pour l'humanité, ce grand mépris protecteur qui ne consulte plus la volonté de ses protégés, s'inquiétant aussi peu de leur haine que de leur gratitude. Ceci le perdit, car étant enfin tombé sur une phase intelligente dans son énergie, terrible dans sa religion, née d'elle-même et ne devant rien même à Dieu, il ne trouva plus à lui appliquer son génie exclusif et lui devint *inutile*, seule chose que redoutât son amour-propre.

Sa visite à la grille était le dernier bond de son courage. Le bâtard aurait encore pu sauver ses rêves, lui bâtir un empire, humilier les félons qui avaient osé éclater et grandir sans l'approbation du vieillard ; il réclama le bâtard.

— Messieurs, dit-il, en couvrant les murmures et les sarcasmes d'un de ces sourires qui, comme les plis du boa, serrent et glacent le cœur d'une seule étreinte; messieurs, nous causerons de ces choses-là tout à notre aise dans dix mois d'ici, quand la fumée de la poudre ne vous troublera plus le cerveau ; la victoire est un mauvais juge. Maintenant je viens vous redemander ce jeune homme... J'en atteste ma foi de gentilhomme que c'est pour son bien.

Des rires d'incrédulité, aussitôt comprimés par la fascination galvanique du vieillard, bruirent comme un lionceau sous l'herbe. Le groupe s'épaississait derrière la grille et chaque nouveau-venu s'arrêtait devant le regard interrogateur du cavalier, sans trop savoir que dire. Boleslas, qu'un vague pressentiment faisait palpiter sous sa serre, avançait et reculait en détournant la tête, et en se mangeant les ongles.

R***, que les jouissances de la pipe avaient jusqu'alors entièrement absorbé, aspira une dernière bouffée, souffla dans le tuyau, branla la tête, et rompit l'hésitation générale par un large et bruyant soupir.

— Or çà, que demandes-tu, Olivier?...

— Ce jeune gars?... dit le vieillard, en souriant toujours.

— Dam, demande-lui s'il veut te suivre, nous ne retenons ici personne; chacun est libre depuis que nous avons proclamé l'émancipation des paysans.

— Au fait, s'écrièrent plusieurs voix, si ce jeune homme est votre fils ou votre cousin, il n'a qu'à parler... tout le monde est libre...

Boleslas balançait; l'accueil froid des Podoliens l'avait déconcerté; il soupçonnait d'ailleurs messire Marchocki de quelque sinistre projet, et l'épouvante dont le remplissait la mystérieuse renommée du vieillard avait déjà ébranlé toutes ses nobles résolutions, et soumettait ses souvenirs, ses affections, son jugement même au despotisme d'un inexplicable malaise.

Pendant cette crise qui tenait en suspens la curiosité du cercle sans cesse épaissi autour du malheureux sergent, arrivèrent deux des cosaques de la suite de messire Marchocki, puis le majordome trottant prudemment à l'arrière-garde. Stas, que tout ceci intéressait fort peu, s'amusait à natter la queue du bessarabien ; puis il se retourna en plongeant ses deux mains dans les arçons, étendu sur la longue croupe du coursier comme sur un canapé. Après trois minutes de silence, le vieillard fronça légèrement les sourcils.

— Eh bien ! monseigneur, vous décidez-vous ?..

Boleslas, piqué par cette railleuse épithète, releva la tête avec fierté et recula.

— Une dernière épreuve, mon enfant... Lisez et répondez. En même temps messire Marchocki tira une lettre de sa poche et la tendit au jeune homme à travers la grille, avec un geste de confiance et de triomphe.

Un profond silence se fit tout autour, et le cercle s'élargit par un noble instinct de discrétion et d'équité.

Les mains de Boleslas déployèrent le papier en tremblant, et son âme lut sans que ses lèvres remuassent; une pâleur de chaux blanchit sa figure, et sa respiration s'arrêta comme si elle eût craint de souffler les lettres sur la feuille fragile.

« Nieswiez, ce 3 mai.....

» Quartier-général des Réserves.

« Mon cher Olivier, nous attendons ici
» notre ami Orlow ; si notre bâtard tarde
» encore quinze jours, le comte sera notre
» dernière ressource. L'horizon s'est rem-
» bruni au point que les aides-de-camp de
» Son Altesse ne me saluent plus. J'ai pris
» la résolution de ne sortir de chez moi que
» pour frapper un grand coup; nous sommes
» trop compromis pour reculer. Dans la plus
» extrême hypothèse, le Czarewicz et sa
» femme étant les seuls, au moins les seuls
» dangereux dépositaires de nos projets,

» nous ne pourrons en brouiller les fils et en dé-
» pister l'examen qu'en nous débarrassant de
» ces deux importuns confidens. La duchesse
» surtout m'empêche de dormir tranquille ;
» cette femme sait trop pour me craindre,
» et me hait trop pour m'épargner. Elle est
» heureusement détestée et suspecte à Saint-
» Pétersbourg, où on la considère comme une
» fille ramassée dans les ruisseaux de Lowicz,
» par le fantasque Czarewicz. Ceci ne nous
» donne cependant qu'une sécurité de cir-
» constance ; vous n'ignorez pas le prix
» qu'attachent les Czars à des révélations de
» cette espèce, et on oubliera facilement ce
» qu'elle est, lorsqu'elle prouvera ce qu'elle a
» refusé d'être.

» J'ai tenté deux coups de mains qui n'ont
» pas réussi ; je n'ai plus d'espoir mainte-
» nant qu'en notre ami Orlow ; une de ses
» chiquenaudes abattra le couple ; c'est un
» maître tueur ; je l'attends avec impatience.
» Je vous avouerai néanmoins que ce moyen
» de salut me répugne, non comme dépré-
» ciant mais comme scandaleux. La vie d'un
» prince est toujours à épargner ; leur mort

» est toujours de mauvais exemple ; en arri-
» vant ici à temps, votre bâtard sauverait tout;
» nous pourrions lever le masque et nous
» moquer de toutes les délations possibles ;
» nous pourrions surtout donner à notre
» ambition une tournure généreuse, but au-
» quel les hommes d'esprit doivent toujours
» viser. Nous n'avons pas plus soif de sang
» qu'un lion, et ne mangeons nos hommes
» que quand la faim nous presse. »

» Tout à vous,

» A. Rozniecki. »

A cette lecture, le jeune homme rendit la lettre au vieillard et s'élança sur les pointes de la grille sans attendre qu'on lui en ouvrît la porte. Messire Marchocki lui tendit la main avec une modeste bienveillance ; il avait mis de trop puissans ressorts en jeu pour se glorifier de sa victoire.

Les anciens témoins de cette scène, ceux surtout qui avaient lu avec attention sur la figure du sergent, ne s'étonnèrent point de sa résolution.

S*** et R*** coururent même à la grille pour lui épargner la peine d'une escalade. Ils absolvaient loyalement ce qu'ils ne pouvaient comprendre, persuadés d'ailleurs de la légitimité des motifs qui faisaient rentrer le jeune homme sous l'autorité de messire Marchocki. Mais un groupe de jeunes lanciers arrivé sur la fin, prit la conduite de Boleslas pour une véritable désertion; il éclata en huées et en menaces ; et comme cela arrive dans toute agrégation collective d'idées ou de passions, il imprima de suite à la foule son indignation et sa colère. Tous se mirent donc à crier : Au lâche ! au déserteur !

— Que veut ce mouchard en robe de bourreau qui vient du côté des Russes !.... Tirez sur ce moineau qui s'est perché sur la grille et lui tend la main. Il déserte, le chien !.. abattez-le donc par ici... Ohé !.... au lâche! au déserteur !.... tirez sus, visez bien..... ne manquez pas le rouge, ni les barbus, derrière...

Boleslas enjambait précisément les pointes de la palissade, debout, entre quinze tromblons dirigés vers sa tête, et le regard im-

pitoyable du vieillard qui, immobile et dédaigneux sous cette bourasque, comme un centaure de bronze, murmurait seulement :
— L'empire pour vous, ou la mort pour Jeanne, monseigneur; choisissez.

Boleslas, que les difficultés imprévues, les souffrances obscures, l'ennui, les déceptions, décourageaient de suite; Boleslas si faible dans les luttes vulgaires, s'électrisait aux grands et nobles dangers. En cet instant suprême où son âme flottant entre ses deux plus saintes passions, la patrie et Jeanne, se recueillait dans une réflexion dernière ; son œil para avec fierté les tromblons.

— Messieurs, s'écria-t-il, tirez, n'hésitez pas... vous m'épargnez une honte ou un crime. Entre ces deux blasphèmes il n'y a plus pour moi que la mort... Les tromblons commencèrent à s'incliner avec respect; des murmures flatteurs éclatèrent vers la gauche, mais la droite tenait ferme dans ses préventions. Deux voix s'écrièrent : A bas le comédien! et une gerbe de balles hachées siffla, en écharpant les palissades, perça à jour les pans de la redingote du sergent, enleva le bolivar de messire Marchocki, et tua un des cosaques derrière lui. Un vacarme épouvantable s'éleva aussitôt parmi la foule. Messire Marchocki ne bougea pas plus que sous une bouffée de cigarre. — Eh bien, vous décidez-vous? répéta-t-il, seulement, avec un signe imperceptible d'impatience...

Boleslas indigné, moins de la décharge que des clameurs outrageantes, sourit avec colère et dédain, passa une jambe hors de la grille, et se plia en saisissant fortement avec les mains les pointes des palissades pour sauter du côté de son terrible tuteur. Tous les tromblons se relevèrent en flairant avec leurs larges naseaux le milieu de son corps.

Mais à l'instant même une sourde rumeur se promena à travers la foule; toutes les têtes se détournèrent, les rangs s'écartèrent, et un jeune cavalier en polonaise verte, un fusil double en bandoulière et un chapska blanc sur l'oreille droite, parut en demandant d'une petite voix argentine, ce que signifiait ce désordre; puis tirant son épée il passa au galop sous les gueules alignées des tromblons en les relevant du bout de son arme. — Que faites-vous, camarades? qui menacez-vous? s'écria-t-il en tournant la tête vers la grille et en faisant pleuvoir autour de lui l'écume de sa jument baie. Je ne vois point de Russes devant vous?

— Vive notre colonel!.... vive la citoyenne!.. répondirent les Podoliens en laissant retomber les crosses de leurs tromblons et en les faisant sonner contre le sol. Puis tous oubliant le sergent et le vieillard, accoururent autour du cavalier en se découvrant la tête, et en lui prodiguant des noms tendrement respectueux.

Mais déjà le jeune colonel, tout distrait, cherchait à se frayer une issue à travers ce cercle d'hommages importuns ; ses yeux attachés à la grille ne voyaient plus ni les czapska jetés en l'air, ni les flammes des lances inclinées sur sa tête comme un dais de reine. Ses oreilles, parmi tous ces bruits d'enthousiasme et d'amour, n'en recueillaient qu'un seul : celui d'une respiration haletante à la cime des palissades.

Boleslas n'aurait rien remarqué de cet incident sans une légère grimace de messire Marchocki qui, déjà lui tenait un pied. Il leva les yeux et poussa un cri perçant auquel le colonel répondit par un soupir. Boleslas avait reconnu Sosthénia qui, par un instinct indiscret, lui tendit les bras. Le sergent emporté par un mouvement de la même espèce, oublia à son tour messire Marchocki, la lettre, la duchesse, l'Univers entier, et enjambant de nouveau la grille fatale, il tomba agenouillé sous l'écume de la jument baie. Un morne silence se fit tout autour. La Circassienne pourpre de bonheur, babutia au hasard le nom de frère qui vola de bouche en bouche, puis revint fondre en murmure flatteur sur la tête des deux amans. Boleslas, les lèvres collées aux mains de la divine fille, pleurait en radotant des folies; le malheureux avait prononcé un arrêt de mort contre la duchesse.

Messire Marchocki poussa une sorte de rugissement, et planta sa cravache dans la tige de sa botte; puis il abandonna la bride du bessarabien, et posa ses deux mains sur ses arçons, en cherchant des yeux un jour à travers la grille et la foule. Il ne lui restait plus qu'à brûler la cervelle aux deux échappés, *qu'à effacer deux instrumens devenus inutiles.* Son dépit et ses théories y trouvaient également leur compte.

Il écarta donc avec impatience les langues de drap qui couvraient l'ouverture des arçons; mais ses mains, au lieu d'y rencontrer deux crosses rondes et lisses, plongèrent dans des tubes vides et s'y crispèrent de rage ; il se retourna sur sa selle en apostrophant le page, mais le polisson n'y était plus ; il appela d'une voix vibrante les cosaques ; l'un était mort, l'autre occupé à dompter la fougue de son étalon, à quelque distance du souverain ; le majordome s'était éclipsé à la première décharge des tromblons ; la plaine déserte tout autour se rembrunissait sous les premières ombres de la nuit ; la grande girouette cria sur la coupole, et l'horloge sonna huit heures au front de l'édifice.

En ramenant ses regards hébétés sur la foule, le vieillard aperçut Stas armé d'un de ses pistolets, et qui établi sur la croupe de la jument baie, renversait la tête de sa cousine en arrière et la baisait sur la bouche, avec l'avidité d'un louveteau qui étrangle sa deuxième poule. Le garnement, à l'apparition du jeune colonel, avait quitté la croupe du bessarabien, ayant préalablement désarmé son tuteur, soit par étourderie, soit par méchanceté. Puis à la faveur du tumulte, il s'était glissé entre deux palissades, et passant sous les jambes des Podoliens, il avait grimpé sur l'épaule du sergent, agenouillé, d'où un seul saut l'avait mis en possession de son nouveau piédestal.

— Stas!... hurla le vieillard.

— Va te promener, vieille écrevisse, répondit le mauvais sujet; je ne quitte plus ma cousine, je l'aime trop.

Le regard de messire Marchocki rencontra alors l'œil fier de la jeune fille; le vieillard se mordit la lèvre et sourit avec amertume; puis une grosse larme trembla sur son cil gris, la seule qu'il eut versée de sa vie.

Mais ce profond désespoir ne dura que quatre secondes. La face sardonique du souverain se releva aussitôt comme un étendard sous la mitraille, son crâne chauve reluit au reflet des premières étoiles qui déjà pointillaient çà et là sur un ciel douteux, et le bessarabien pirouetta sur ses jambes de derrière. Le vieillard avait compris que les trois enfans de son ambition lui étaient ravis pour jamais. Il prit son parti. Ce furent là, à la fois, la plus sublime victoire et le plus noir désastre de sa vie.

En tournant son cheval, il aperçut un homme immobile, les bras croisés sur la poitrine. Les ombres s'épaississaient ; il crut d'abord que c'était un cosaque, mais s'en étant approché, il reconnut la figure blême du docteur. — Que diable faites-vous là, mon cher, lui demanda-t-il en riant?

— J'observe, Majesté ; vous êtes un grand caractère. C'est dommage que vous ne puissiez plus descendre au rang de ces naïfs héros, qui n'ont pas même la conscience de leur dévouement, et chez lesquels les plus éclatantes vertus ne se doutent pas d'elles-mêmes. Des larmes d'exaltation noyèrent ses dernières paroles.

— Parlons métaphysique, docteur, voulez-vous? fit, en riant toujours, le vieillard. Que dites-vous des dernières propositions de Hegel; que vous semble de son terrible *Moi*?

— C'est beau, c'est très-beau, mais c'est bien orgueilleux.

— Oui ; mais est-ce logique ?

— Une fois que vous admettez la réalité toute-puissante du subjectif, vous pouvez bâtir un univers là-dessus ; mais où trouver la garantie de cet audacieux axiôme ?

Et ils devisèrent ainsi, en regagnant au pas le parc à travers lequel une longue allée conduisait directement à l'un des pavillons du château.

La nuit était tout-à-fait tombée ; deux rubans de feu s'allumèrent à l'est et à l'ouest du royaume céleste. Celui des insurgés sous le bâtiment aux coupoles dorées, celui des Russes sur les montagnes, derrière le grand château ; le premier court et serré, l'autre incommensurable, flottant, délayé par l'espace.

A l'entrée de l'allée du parc, les promeneurs furent arrêtés par un *Kto idiote !* de sentinelle. Ami ! répondit le souverain, et ils passèrent. Un bataillon, en colonne, les armes au repos, occupait la terrasse. Messire Marchocki se présenta au major, qui, l'ayant de suite reconnu, poussa une exclamation de surprise et commanda de la voix la plus rauque et la plus tonnante, qu'il pût tirer de ses riches poumons : — Attention, *Rabiata* ! Portez les armes ! Présentez les armes !... Hourra !

— Hourra, hurla le bataillon en rendant de concert trois tintemens de carabines.

— Hourra, répéta le château d'une aile à l'autre !...

Messire Marchocki trouva les escaliers du premier pavillon encombrés de cosaques, de valises et de paille. Il monta au premier où le baron Roth, chef du corps du sud, venait d'établir son quartier-général. Une nuée d'aides-de-camps étincelait dans les antichambres et bouchait les portes ; mais à l'approche du vieillard, que la plupart des officiers connaissaient, et dont tous avaient entendu vanter l'opulence, l'esprit et l'hospitalité, il s'ouvrit un vaste passage, et toutes les têtes se courbèrent ; messire Marchocki secoua la sienne avec ironie, et s'avança droit vers l'appartement du commandant en chef.

Trois généraux et cinq colonels de l'état-major, en robes de chambre, de longs tuyaux de pipe à la bouche, étendus sur des sophas, entouraient une grande table chargée de bouteilles, de théières, de tasses et de cartes. Roth lui-même, à demi-déshabillé et la figure couleur de cerise, d'une main vidait les cendres de sa pipe, et de l'autre exprimait un citron dans un verre de rhum bouillant; ces messieurs causaient filles, chevaux, chasse, toilette, mignons, tout, excepté guerre; ils parlaient en français et avec une pureté, une élégance remarquable.

A l'apparition de messire Marchocki, tous se levèrent avec un petit cri d'étonnement; Roth lui tendit la main et lui demanda des nouvelles de sa santé ; puis il ajouta :

— Nous vous croyions perdu, messire; depuis trois heures que nous sommes chez vous, nous vous avons fait, en vain, chercher partout; vous voyez d'ailleurs que nous avons agi en vieilles connaissances, et qu'il nous a fallu avoir grande confiance en votre hospitalité pour nous installer ainsi, chez vous, sans vous avoir consulté; au reste nous avons pensé que l'ami de l'empereur ne refuserait point un asile à ses soldats, et qu'il verrait avec orgueil le drapeau de Sa Majesté flotter sur les tours de son château. Nous serions-nous trompés, messire?...

Le vieillard regarda le général de manière à lui faire entendre qu'il n'était pas sa dupe, s'excusa de ne pas avoir été chez lui pour recevoir les officiers de Sa Majesté, et demanda en quoi les ressources du royaume céleste pourraient contribuer à leur agrément.

— Nous ne sommes point venu abuser de votre magnificence, messire, dit le général, nous aurions même évité votre charmant désert, s'il ne nous avait importé de démentir les bruits fâcheux que l'on a répandus à votre égard, et de prouver à l'empire, en nous livrant à votre puissance, combien peu notre confiance en votre loyauté avait été ébranlée.

— Je vous sais gré du soin que vous prenez de ma réputation, messieurs, mais j'ignorais entièrement qu'on eût osé y porter atteinte. Daigneriez-vous m'apprendre en quoi le souverain de Minkowce a pu déplaire à ses voisins et alliés?...

Malgré leur habitude de dissimulation, les

officiers Russes ne purent s'empêcher de sourire. Les uns firent semblant de se moucher pour voiler les plis de leur bouche, les autres se détournèrent pour secouer leurs pipes; Roth avala son rhum jusqu'à la lie, et laissa tomber son long tuyau. Ces évolutions fournirent un prétexte à trois minutes de silence, pendant lesquelles messire Marchocki tira de la poche droite de sa simarre une grande boîte en platine garnie de diamans monstrueux, où il puisa deux prises, également monstrueuses, de betel qu'il se mit à mâcher de l'air le plus indifférent du monde. — Eh bien, messieurs ! dit-il, quand les bouches, les mouchoirs, les nez, les pipes, les tuyaux et les verres eurent réoccupé leurs places.

— Mais, mon enfant, répondit le général, déjà gris, ton punch ne vaut rien; ton rhum est resté à l'air..... ma parole d'honneur... Là, il se mit à parler russe, mauvais russe, comme le parlent tous les allemands.

Le plus jeune des colonels, français de naissance, ancien perruquier à Arcis-sur-Aube, fit une grimace dédaigneuse et se leva en frédonnant; ses compagnons l'imitèrent, et l'un d'eux demanda à messire Marchocki, qui semblait jouir de leur embarras, si ce qu'on débitait sur les merveilles de son royaume, n'était pas une exagération ou une ironie.

— Est-ce un appel au savoir-faire de mon majordome? messieurs, demanda à son tour le vieillard...

— Pourquoi pas? s'écrièrent-ils tous à la fois..... Daignez donc nous faire apparaître le royaume de Minkowce dans toute sa splendeur... Oh! la délicieuse idée! Et tous ces frivoles satrapes qui ne savaient que faire de leur nuit, se précipitèrent vers la porte en laissant le général devant son bowle de rhum chaud.

— Oh! ne vous dérangez pas, messieurs, dit le vieillard en souriant et en leur barrant le passage avec sa cravache.

Les officiers le regardèrent tout étonnés. Messire Marchocki siffla d'une manière particulière, et aussitôt le plafond se disjoignit et glissa à droite et à gauche comme deux moitiés de tiroir ; un second sifflement en fit autant des trois plafonds supérieurs, et un troisième enleva le parquet, avec meubles et hommes, à hauteur des toits. L'état-major de l'armée du sud se trouva sur le terre-plein d'un bastion quadrangulaire qui dominait une interminable enfilade de pavillons et de courtines effleurés par les mélancoliques baisers de la lune. Tout autour, la plaine, émaillée de lueurs rougeâtres, frémissait comme une mer en feu, et répétait les immenses clameurs des bataillons.

Les officiers Russes, étourdis comme par un tremblement de terre, s'embrassèrent les uns les autres, en regardant avec effroi le sinistre magicien qui, assis dans un des angles du terre-plein, mâchait paisiblement son betel. Roth, seul, enveloppé dans ses songes d'or, faisait pendant au magicien, et paraissait ne pas plus s'inquiéter de l'ascension du parquet, qu'une mouche enlevée sur un cerf-volant.

Messire Marchocki siffla une quatrième fois, et aussitôt le terre-plein, redevenu parquet, descendit dans ses quatre coulisses en refermant sur lui les plafonds des étages supérieurs. L'état-major se trouva de nouveau entre six murailles bien closes.

— Messieurs les ingénieurs, vous venez de voir ma place-forte en plan ; je vais vous la montrer de profil, afin que vous puissiez la saisir sous toutes les coupes.

Il siffla une cinquième fois, et toutes les cloisons transversales s'abîmèrent en découvrant une longue galerie dans laquelle se confondirent tous les appartemens du premier étage. Les officiers en poussèrent un cri d'alarme. Roth se leva et vacilla sur ses jambes ; Marchocki lui-même jusqu'alors impassible se leva, fit trois pas en avant et se frotta les yeux.

C'est qu'à la place de l'Univers factice qu'il avait voulu évoquer dans son gigantesque caleïdescope, apparut..... un immense dortoir, une caserne encombrée d'hommes, d'armes et de hardes. Le pavillon central destiné au soleil et aux rouages générateurs du système était occupé par un fourneau et une grande chaudière où fumait une mare de gruau. Les astres, transformés en porte-manteaux, étaient éclipsés sous des monceaux de sacs et de capotes ; les douze constellations depecées par morceaux alimentaient le brasier du fourneau, et les draperies du ciel écharpées par lambeaux enveloppaient des tas de dormeurs qui, reveillés en sursaut par le grincement des cloisons, se dressèrent debout, immobiles, stupéfaits, pareils aux revenans d'un cimetière. De cet immense nid secoué par le même souffle, sortit un essaim de filles bâillant et échevelées, encore couvertes de peaux de bêtes sauvages. Elles se regardaient d'un air hébété, croyant se mirer dans des glaces, et apercevoir un alignement infini de reflets.

Tout un régiment de grenadiers et de tigresses était là pèle-mêle.

Après deux minutes données à leur première surprise, les officiers Russes lâchèrent les rênes à une inextinguible hilarité. Roth, dégrisé du coup, en éprouva presque de la peine pour son ami. Messire Marchocki poussa un sourd rugissement, puis se mit à rire comme les autres, mieux que les autres. Jamais il n'avait ri de si bon cœur.

— Décidément, le royaume de Minkowce est élevé au rang des casernes de première classe, mes tigresses se font vivandières, et mon zodiaque chauffe la soupe des grenadiers de Sa Majesté... Quel honneur pour son allié?... Ha! ha! ha!

— Le diable m'emporte si je m'en doutais, mon ami, dit Roth au souverain dont le rire ne lui semblait pas tout-à-fait franc. J'espère que vous ne nous en voulez pas. C'est cet imbécile de quartier-maître..... Comme si la prairie n'était pas un lit assez doux pour des animaux comme ceux-là..... Holà! qu'on fasse venir le quartier-maître!.. Je tiens essentiellement à ce que le passage des troupes impériales ne laisse que d'agréables souvenirs... Allons, donnez-moi la main et ne riez pas comme cela, messire... Votre rire me fait mal...

Messire Marchocki ne répondit rien; mais il siffla une sixième fois, tira sa boîte de betel et en vida le tiers dans sa large bouche. Les cloisons remontèrent avec fracas en ébranlant le château jusque dans ses fondemens; on eût dit une dernière manifestation de puissance, un testament de nécromant, un couvercle de sépulcre qui retombe. Il y eut un instant d'indicible malaise parmi les officiers;

ils se regardèrent entre eux sans mot dire, puis ils regardèrent le souverain qui, avec sa bouche écumante de rouge, et ses beaux yeux limpides, ressemblait parfaitement à un serpent qui vient de dévorer un enfant. Il se dirigea vers la porte en agitant sa cravache, sans que personne eût la force de lui adresser une parole. Il traversa les antichambres, se promena un moment dans un couloir isolé, ouvrit une croisée et se trouva sur un balcon sur lequel se penchaient de grosses touffes de lilas et de chèvrefeuille comme un chasse-insectes sur un palanquin.

Les rayons de la lune, glissant comme de petites couleuvres crispées à travers les feuilles frémissantes, semaient sur la rampe du balcon des paillettes d'argent qui paraissaient et disparaissaient au souffle parfumé du zéphir, et causaient amour avec un rossignol balancé sur une grosse grappe de fleurs. De délirantes mélodies montaient et descendaient le long des arbres comme entraînées par la circulation de la sève. Un charme délicieux régnait sur ce réduit de quatre toises; on eût dit un nid caché dans un cratère. Le vieillard passa sa main sur son front comme pour repousser les consolantes caresses de la lune ; ses cheveux blancs détachés par le frottement convulsif de ses doigts s'envolaient par petites touffes, semblables au passereau qui fuit un toit qui s'écroule, pareils aux étendards qui s'en vont par lambeaux sur une tour battue en brèche.

— Oh! plus rien! murmura le vieillard en toisant la longue rangée de façades qui se déroulait à gauche ; plus rien, dit-il en écartant les lilas pour entrevoir les bâtimens aux coupoles dorées autour desquels scintillaient les feux Polonais ; plus rien, répéta-t-il en balâfrant le ciel d'un regard diabolique... Puis il croisa les bras et se fit pierre immobile...

Voyons ce qui se passait alors au camp des insurgés.

IX.

Quand la nuit eut jeté ses grandes ombres sur la vallée, et que les feux allumés sur les montagnes et sous le château eurent révélé le nombre des Russes, les chefs de l'insurrection s'assemblèrent dans la grande salle d'un des bâtimens aux coupoles et y ouvrirent conseil. Les plus hardis voulaient qu'on tentât dans la nuit même un brusque mouvement à travers le camp de Roth, afin de percer vers le nord-ouest et d'y rejoindre Dwernicki qui, après avoir battu Rudiger à Boremel, marchait, disait-on, sur le Dniester.

Cet avis commençait à dominer, lorsqu'un courrier expédié de Kamieniec, entra, haletant, fumant, jeta sur la table une lettre cachetée de noir, et disparut. La missive, datée du 29 avril, annonçait que les deux mille lanciers de Dwernicki acculés à la Zbrucza, par les corps combinés de Rudiger, de Roth et de Krassuskoï, avaient été réduits à chercher un refuge sur le territoire Autrichien, où ils avaient été désarmés; qu'à la suite de cette catastrophe, Rudiger avait repris sa marche première vers le Bug, et que Roth, après avoir réuni les cordons disséminés sur les frontières de la Bessarabie, s'était dirigé contre les insurgés Podoliens. La nouvelle avait tardé de douze jours; les insurgés avaient été surpris!..

Pendant que le secrétaire du conseil lut ce fatal papier, pas un front ne se baissa; une courageuse résignation brillait dans tous les yeux. Quand la lecture fut terminée, le colonel qui présidait, demanda que le conseil fût constitué comité secret, et délibérât à huis-clos. Les officiers inférieurs et les soldats qui avaient assisté aux débats, se retirèrent; les portes furent fermées, et le major de service y plaça des sentinelles avec la consigne d'écarter les flâneurs.

Dans le pavillon de droite, avait lieu une toute autre scène.

Dans l'embrâsure d'une croisée ouverte, étaient accoudés deux jeunes gens, Boleslas et le jeune colonel, en uniforme de franc-chasseurs.

— Tiens, chérie, disait Boleslas à la jeune fille, en lui montrant un feu solitaire sur l'une des façades du château ; n'as-tu pas rêvé parfois que ton âme avait quitté ton corps pour aller bouder à l'écart, dans une flamme comme celle-là : dis, mon amour, dis, ma Diane... Et il cacha son front brûlant dans les franges de l'épaulette du colonel.

— Si, mon ami, quand le soir ta lampe empourprait les vitres de tes fenêtres, mon âme était avec toi ; mon pauvre corps ici dans cette prison.

— Tu as donc habité ces pavillons?

— Long-temps.

Un long silence succéda à ces paroles ; l'amour n'est bavard que dans les livres. En réalité, il se recueille dans une délicieuse discrétion, dans une jouissance intime que les paroles ne pourraient que troubler ; il les redoute comme un grand poète redoute d'être traduit dans une langue étrangère. Son éloquence est comme celle d'une belle nuit, comme celle des étoiles, comme celle d'un chef-d'œuvre de l'art, comme celle de tout ce qui nous vient immédiatement de Dieu, sublime dans sa réserve, tout entière dans un regard.

Mais parfois, sous ce calme sacré, passe une douloureuse étincelle, pareille à ces feux muets et rapides qui sillonnent le firmament par les grandes chaleurs d'été. Le jeune colonel surprit un de ces éclairs nuageux sur le front de son bien-aimé ; il y promena sa petite main de nacre pour l'effacer ; mais du front, l'éclair passa aux yeux, puis des yeux il s'échappa et descendit dans un profond soupir. Boleslas pensait à la duchesse... — Morte ! morte ! murmura-t-il...

— Qui cela ? demanda Sosthénia, toute alarmée.

— Personne, mon ange... Je parle de cette étincelle qui clignote là-bas; tiens, comme elle nous regarde douloureusement... comme elle s'éteint sans bruit, sans compagne... Mariée à une autre, elle pourrait embrâser l'Univers. Le vent qui maintenant l'étouffe, ne ferait que l'animer...

— Qui te dit qu'elle se meurt.

— Mais tu ne vois donc pas comme elle diminue à chaque instant... tiens, je ne l'apperçois plus... Oh! encore un soupir, encore un éclat... C'est le dernier...

— Que non.

— Que si.

— Que non.

— Que si.

— Que non, prophète de malheur, dit la jeune fille en riant et en embrassant étourdiment son compagnon, vois comme elle se relève, comme elle ondoie, comme elle nous regarde avec fierté.

— C'est ma foi vrai, dit Boleslas en palpitant.

— Mon Dieu! qui l'agite donc comme cela? murmura Sosthénia, en pensant à tout autre chose et en rougissant jusqu'au blanc des yeux.

Les deux amans éprouvèrent un moment de ce bonheur suprême, complet, immense dans sa tranquillité, que les anges doivent savourer de siècles en siècles, aux pieds de l'Eternel......

Cependant la lueur qui avait servi de trucheman à leur amour, semblait entendre leur conversation, car pour faire mentir la sentence de Boleslas, elle grandissait à chaque instant, et déjà ses langues écarlates, écartées comme les pétales d'une fleur, traçaient un soleil sur le fond noir du château. Du centre de cette fleur géante jaillissaient de longues étamines de fumée, qui de leur pollen d'étincelles, fécondaient d'autres petites lueurs épanouies tout autour. Cette floraison infernale alimentée au charme lascif de sa propre puissance, s'opérait avec une effrayante rapidité; le foyer primitif éclaboussé en une myriade de points rouges, blancs, bleuacés, aspirait de nouveau ses débris et fondait les étincelles en rayons, les rayons en gerbes, les gerbes en colonnes flottantes, d'où s'élançaient d'autres rayons, puis d'autres gerbes, puis d'autres colonnes, puis de nouveau d'autres étincelles.

Déjà le dôme ardoisé du pavillon, où avait brillé la première lueur, resplendissait sous une immense aigrette d'or, comme un casque de chevalier. De la racine de ce magnifique panache, s'élançait un cylindre torse blanchâtre, qu'une légère bise inclinait, puis redressait, puis inclinait de nouveau. Tout à sa cime s'enroulait un riche turban couleur d'opâle qui retombait en franges violettes sur le flanc de la colonne, et en se dénouant, laissait glisser de ses plis de gros rubis étoilés qui ricochaient sur le casque, puis éclataient comme des grenades.

En un moment le cylindre, aplati contre le dôme, s'épandit en sombre torrent, et enveloppa toutes les lueurs dans ses flancs; puis se relevant avec furie, il laissa échapper de sa gueule un énorme boa zébré, qui, inscrivant tout le pavillon dans ses anneaux, fit jaillir des trombes de flamme par les fenêtres, les portes et les soupiraux; on eût dit quelque chose rendant les entrailles, un vampire vomissant le sang par la bouche, le nez et les oreilles ; une monstrueuse tête de mort dépouillée et trouée, à laquelle un volcan tiendrait lieu de cervelle.

Au fond de ce Tartare hurlaient des voix étranges. Une horrible cacophonie de tintemens, de grincemens, de sanglots entrecoupés, se répercutait contre les parois des cratères, puis se dégorgeait par toutes les issues à la fois, comme par les cent gueules du temple de Delphes. Les nuées empourprées à cette aurore terrestre, s'étaient arrêtées au dessus pour y plonger leurs regards effrayés ; le firmament tout entier, cerclé dans un arc rose, tendait son miroir concave à l'incendie et le ramenait sur lui-même. Tout craquait, tout croulait, tout s'abîmait.

D'un tourbillon de fumée, sortit une tache noire à laquelle une bouffée de vent fit pousser de petites jambes et de petits bras pareils aux premiers cotylédons d'une bulbe. Au lieu de tête elle semblait porter une torche, avec laquelle elle badigeonnait en écarlate toutes les parties encore ternes du château. Boleslas arrondit sa main en tube, et à l'aide de cet imparfait télescope, crut remarquer une étoffe rouge flotter sur la tache, qui, dans ses mouvemens saccadés, capricieux, se mit à valser autour des langues de feu, comme un papillon autour des quinquets d'un lustre.

Tout-à-coup un sifflement prolongé domina tous les bruits. Un pan de muraille, s'écartant comme une toile de spectacle, découvrit un long trapèze ardent où se débattaient des membrures d'échafaudages, des zigzags mobiles, des figures hideuses, des caractères cabalistiques, tout un monde de choses sans nom. L'éther un instant caché sous une ombre ailée, s'enlumina de nouveau, puis de rose devint couleur de brique, puis pourpre. Une croix incommensurable s'élança dans quatre fusées vers la voûte céleste et s'y suspendit comme un labarum diabolique. La lune et les étoiles, noyées comme des brillans dans une mer de sang, eurent honte et disparurent.

Aux flancs encore intacts de ce vaste bûcher, s'accrochaient parfois des échelles rampant, se dressant, se pliant comme des mille-pattes qui flairent un passage; mais à peine s'étaient-elles cabrées contre quelque colonne épargnée, qu'une écharpe de feu les enlaçait dans sa trompe, les secouait comme un épi, puis les couchait par terre.

Tout autour saillait une grille de baïonnettes. Les bataillons Russes alignés devant l'incendie, attendaient debout sous cette pluie sodomique, sans bouger, sans respirer. Cinq heures se passèrent ainsi.

L'insurrection à cheval, et déployée en deux lignes, à droite et à gauche du palais aux coupoles, s'était ceinte d'un rideau de vedettes. Le conseil délibérait encore.

Boleslas absorbé par le spectacle de l'incendie, était resté cloué à la balustrade de sa fenêtre, la bouche béante, les yeux hors de la tête. Au craquement épouvantable que produisit l'écroulement de trois dômes à la fois, le sergent frémit et se redressa en passant ses mains sur son front; puis par un instinct convulsif il saisit le châssis de la croisée ouverte, croyant serrer le bras de Sosthénia; mais le bois résista sous son étreinte comme autrefois la Diane de marbre. La jeune fille n'y était plus.

Le sergent poussa un cri de détresse et s'élança vers la porte ; le salon était désert, les corridors aussi, la cour aussi. Il courut vers le pavillon du centre, se dirigeant sur les clameurs des soldats qui se préparaient à partir. Un nuage épais obscurcissait ses yeux, un carillon démoniaque retentissait à ses oreilles ; il s'agenouilla sur une touffe de gazon flétri par les fers des chevaux, se saisit la tête à deux mains et appela sa Diane, son amour, son sauveur, sa dernière espérance ; il l'appela encore, et encore, d'un accent terrible, déchirant...

— Que diable fais-tu là... Est-ce que tu es blessé, camarade ?

Boleslas leva les yeux et aperçut devant lui un maréchal-des-logis, puis une queue d'escadron qui disparaissait au trot, derrière un grand mur. Il eut honte de sa faiblesse, se releva et répondit qu'il avait la fièvre, mais que cela se passerait.

— Drôle de fièvre qui te fais hurler comme un possédé. N'as-tu pas rencontré par hasard un nouvel arrivé qu'on appelle le sergent Boleslas? Un jeune homme en redingote, un frère du colonel des franc-chasseurs.....

— C'est moi-même, que me voulez-vous?

— Eh bien ! mon camarade, on vous cherche depuis deux heures. Vous êtes adjoint au lieutenant Jasiuk, pour commander les verts. Seulement je vous préviens de ne pas pleurnicher ainsi devant le front de votre peloton, ça ferait rire les braconniers. Et sans attendre la réponse du sergent, le cavalier s'éloigna au galop.

Boleslas ramené à sa dignité de soldat, s'élança à la suite de l'escadron qu'il avait vu défiler le long du grand mur, et trouva toute la cavalerie déjà formée en profonde colonne, par pelotons, dans un immense manége. Plus loin, à gauche, dans un bouquet de bois, étincelaient les baïonnettes des franc-chasseurs, qui, serrés en un petit bataillon, se confondaient avec la masse brune des arbres. Un profond silence régnait parmi les soldats immobiles à leur poste. On n'entendait que le galop des chevaux des officiers supérieurs qui parcouraient les intervalles des escadrons, et lâchaient en passant quelques commandemens étouffés.

En arrivant devant le front des franc-chasseurs, Boleslas éprouva un grand soulagement ; il sentit sa conscience déchargée d'un énorme fardeau.

En l'apercevant, le vieux lieutenant se jeta dans ses bras ; mais réprimant aussitôt cette effusion intempestive, il le repoussa, et lui dit de sa grosse voix de grognard :

— Sergent, voici un fusil, une giberne pleine de cartouches et un sac. Le colonel ayant quitté le commandement du bataillon, c'est moi qui le remplace ; vous remplirez les fonctions de lieutenant jusqu'à nouvel ordre, Messieurs les caporaux prendront le commandement des compagnies. Silence et attention !...

Boleslas aurait voulu de suite entretenir le lieutenant des événemens qui s'étaient succédés dans des phases si étranges, depuis leur séparation ; mais le sévère officier lui ferma la bouche d'un signe de la main et lui montra sa place à l'aile droite de la première compagnie, forte tout au plus comme un peloton ordinaire.

Boleslas endossa le sac et la giberne, prit le fusil appuyé contre un arbre, et alla occuper son rang. Presqu'aussitôt arriva un aide-de-camp qui parla bas à l'oreille du lieutenant; et le bataillon ayant porté les armes, s'enfonça dans les taillis. Derrière, retentit le trot des escadrons qui s'éloignaient dans une direction opposée.

L'aube commençait à poindre, mêlant ses clartés naissantes aux clartés mourantes de l'incendie, auquel les franc-chasseurs tournaient encore le dos; après une demi-heure de marche à travers ronces et broussailles, le lieutenant commanda un mouvement à droite; et au bout d'une heure de course silencieuse et précipitée, le bataillon se trouva à la hauteur des lignes russes encore immobiles autour des ruines fumantes du château de Minkowce; en gagnant le contrefort méridional de la montagne qui voilait cette manœuvre à l'ennemi, Boleslas embrassa d'un seul regard le prolongement des masses russes; puis une traînée large, terne et fumante, seule trace des magnifiques châteaux du royaume céleste.

Le soleil sortant la tête de ses draps de brouillards, fut tout étonné de ne plus retrouver les brillantes coupoles où il avait coutume de se mirer avant de s'élancer dans son arène ; Boleslas allait s'abandonner à ses paresseuses habitudes de rêveries, lorsque la voix tonnante du lieutenant l'avertit de veiller à l'alignement des rangs et de ne pas rester lui-même en arrière. Boleslas s'aperçut en effet qu'il n'y avait plus que quelques traînards avec lui ; il en rougit, souleva son sac avec sa main droite, et rejoignit sa compagnie en courant.

Lorsque le bataillon eut gagné un vallon solitaire, bien en arrière des lignes russes, le lieutenant commanda halte, envoya un poste sur une hauteur, étendit une chaine de sentinelles dans les broussailles qui descendaient vers la plaine, et ordonna aux soldats de faire la soupe. Après avoir tout disposé, tout prévu, tout examiné en personne, il s'assit sur un tronc de chêne à côté de Boleslas, tira un saucisson et un morceau de pain noir, d'une carnassière qu'il portait sur lui, fit du tout deux portions, et en présenta une à son compagnon.

— Ah çà, mon cher lieutenant, est-ce qu'il n'y aurait pas moyen de me débarrasser de ce maudit sac qui me coupe les épaules, demanda le sergent, éreinté et de mauvaise humeur. Est-ce qu'il n'y aurait pas parmi ces braves gens quelqu'un qui voulût s'en charger ? J'ai encore une poignée de ducats dans ma blague... J'en donnerais bien la moitié pour être soulagé de cet infernal fardeau.

— Fi donc ! répondit le lieutenant en fronçant les sourcils. Un ancien porte-enseigne au cinquième de ligne, quitter son sac. Je ne vous reconnais plus là, mon ami.

— C'est que vraiment cela me décourage ; cette obscure fatigue, ce tourment incessant, m'ôte toute liberté d'esprit et me ravale au rang d'une bête de somme. C'est un héroïsme plus difficile que l'assaut, que le duel, que le carcere-duro. Faites-moi courir sur les batteries tirant à mitraille, entourez-moi de baïonnettes, je m'en moquerai; mais délivrez-moi de ce sac ; c'est pis que la brouette du galérien.

— Eh comment donc avez-vous fait au régiment, où on vous sanglait la poitrine avec des courroies transversales comme dans un corset de fer?

— Aux deux premières revues je me suis trouvé mal, pour la troisième j'ai rempli mon sac de coton, et je me suis fait attacher une boucle de détresse que je relâchais aussitôt le général passé; malgré cela j'ai toujours souffert comme un damné, et je me suis exempté des parades aussi souvent que j'ai pu. Je ne ferai jamais qu'un triste soldat.

— Bah! nous avons tous dit la même chose en endossant l'uniforme, dans trois jours d'ici, vous n'y penserez plus. D'ailleurs, je croyais que la captivité moscovite vous avait mieux formé que cela. Qui diable portait donc votre bagage dans votre trajet de Varsovie en Podolie?

Le sergent saisit cette occasion pour raconter, au lieutenant, le plus succintement qu'il lui fut possible, ses incroyables aventures. Quand il eut fini, le vieux Jasiuk branla la tête, et déclara que tout ce roman lui paraissait mesquin et odieux. Rozniecki et Marchocki lui semblèrent tout simplement d'inhabiles scélérats, qui, en inventant l'absurde fable du bâtard impérial, puis en hésitant pendant quatre mois à en tirer parti, avaient prouvé que la sottise et la lâcheté marchent presque toujours de pair avec la perversité. A ses yeux, la seule intéressante victime de ce drame de coupe-jarrets et de comédiens, c'était la Circassienne ; seulement il n'accordait à Marchocki aucunes vues politiques sur cette jeune personne, et préférait la croire simplement l'objet des impurs desirs du vieillard. Quant à son origine, prétendue commune avec celle de la duchesse de Lowicz, quant aux relations de Marchocki avec Lukasinski et Abazes, quant à cette trame merveilleuse dont le juif avait amusé la crédulité du sergent, le vieux lieutenant n'y ajoutait aucune foi et traitait tout cela de conte d'enfant, bon tout au plus, à servir de fond à quelque légende orientale.

Cet avis sec et tranchant ne satisfit point Boleslas ; on n'aime pas voir ruiner un roman dont on est le héros, et le sergent préféra attribuer le scepticisme du lieutenant à des préventions communes aux vieillards, qu'à un jugement sain et désintéressé. Il prit donc le parti de ne plus s'entretenir avec son compagnon de choses semblables, et renonça même à s'informer auprès de lui du sort du jeune colonel, dont les exploits révolutionnaires, la dernière apparition, et l'absence, étaient encore pour lui un inexplicable mystère; il résolut de s'enfermer, à l'égard du lieutenant, dans une parfaite réserve, et de ne plus voir dans ce dur soldat qu'un supérieur.

Le lieutenant qui, sous une enveloppe froide et coriace, cachait une exquise sensibilité unie à une grande pénétration, lut de suite dans le cœur de son jeune ami, et fut douloureusement affecté de son injustice; mais rien n'en transpira au-dehors. Il feignit de ne point remarquer les maussaderies du sergent, et continua à le traiter avec la même inflexibilité.

Boleslas, que tout décourageait, regretta

pour la seconde fois sa captivité au château de Minkowce. Il s'étonna de ne point trouver en soi cette soif de gloire et de périls qu'il avait, pendant trois mois, rêvée comme la plus noble, et la plus heureuse ivresse du cœur humain. Il s'étonna de ne point ressentir, à la vue des soldats Polonais, les transports que s'étaient promis ses aspirations de prisonnier ; il s'étonna du rude et prosaïque noviciat que lui faisait subir la poétique Liberté. En regardant ce troupeau de braconniers, couverts de grosses capotes vertes, sanglés d'un cuir noir, se disputant un morceau de vache, se querellant pour une marmite, jurant en patois cosaque, il éprouva un serrement d'âme auquel sa lassitude corporelle ajouta un profond recueillement d'égoïsme. Il ne put pardonner à son imagination d'avoir trompé sa prévoyance, et tomba des hauteurs de l'enthousiasme dans l'abrutissement des inquiétudes animales.

Il saisit le moment où les préparatifs du départ éloignèrent le lieutenant, pour se trouver un *brosseur* et une bête de somme. Il s'adressa en vain à plusieurs chasseurs ; l'un d'entre eux, vieux cosaque qui, pendant vingt ans, avait habité les bois pour éviter le servage moscovite, le traita de damoiseau, le déclara indigne de commander à des hommes libres, et proposa à ses camarades d'aller sur-le-champ demander au lieutenant le renvoi d'un infirme qui n'avait pas la force de porter son sac.

La honte et la colère montèrent au front du sergent ; mais ne trouvant sur toutes les figures qu'une expression unanime de moquerie ou d'indifférence, force lui fut d'aller cacher son dépit sous un chariot qui servait à la fois de fourgon et d'ambulance au bataillon insurgé.

Bientôt le lieutenant revint suivi des postes avancés. Il emboucha une corne de buffle qu'il portait suspendue, par une chaîne, à sa ceinture, et tout le monde courut aux faisceaux. Boleslas alla se placer en tête de la première compagnie, et la troupe se remit en marche.

Les plus noires idées encombrèrent son cerveau naturellement enclin à l'exagération. Sa mauvaise humeur couvrit toutes ses affections et tous ses souvenirs sous un brutal sentiment d'humiliation. Tout lui parut ridicule parce qu'il se sentait ridicule lui-même. En comparant le misérable aspect de l'insurrection à l'éclat des troupes czariennes, il s'en voulut d'être né Polonais ; il confondit ciel et terre dans un immense blasphème, et envia le sort des privilégiés de ce monde qui n'ont pas besoin de conquérir le repos et le bien-être à la sueur de leur corps.

Il traversait alors une de ces grandes steppes que les rayons de mai dorent de toutes les splendeurs d'une nature à la fois ardente et pudique ; mais elle lui parut déserte, aride, odieuse. Le bataillon étant hors d'atteinte, le lieutenant permit aux soldats de chanter, et prononça lui-même les premières paroles de la marche Ukrainienne.

Un roulement de voix rapides, tonnantes, saccadées comme les chutes du Borystène, fit vibrer les airs, trembler les grands chênes, ondoyer les savanes, tourbillonner la poussière jusqu'au ciel. Le bataillon poussé par ses propres accens frappait le sol en cadence, et filait comme un aigle. L'espace fuyait derrière lui ; la fatigue courait après l'écho ; et le soleil l'escortait.

Boleslas, seul, muet et courbé, cheminait d'un pas irrégulier sans rien voir, sans rien entendre.

La sublime harmonie de ces âmes si grandes dans leur simplicité, lui semblait un hurlement sauvage, une criarde cacophonie de notes absurdes ou de refrains endormans. Le malheureux ne pensait qu'au moyen de se débarrasser de son sac.

Le soir, le bataillon s'arrêta à l'entrée d'un grand village, d'où sortit tout-à-coup une foule de vieillards, de femmes et d'enfans, avec des paniers remplis de vivres.

Un vieillard de cent quinze ans se fit conduire devant le lieutenant, et baisa le fourreau de son épée ; puis il lui annonça que tous les hommes en état de porter les armes étaient sortis la veille armés de faux, et s'étaient dirigés vers a frontière Autrichienne, par où, disait-on, Dwernicki devait rentrer en Podolie. Il fit ensuite un signe à la foule qui enveloppa le bataillon avec des clameurs d'enthousiasme et de naïve admiration. Les femmes s'avancèrent avec des gobelets et des cruches d'eau-de-vie, burent les premières, et présentèrent ensuite les vases pleins aux chasseurs qui se les passèrent à la ronde en criant : Vive la Liberté !

Les enfans, armés de branches d'arbres, se formèrent en colonne, nommèrent leurs chefs, et envoyèrent un aide-de-camp au lieutenant pour lui déclarer qu'ils entraient sous ses ordres, et lui demander le poste qu'ils devaient occuper. Boleslas vit avec la plus grande surprise, sortir de leurs rangs Stas, avec un pantalon de toile pour tout vêtement, deux feuilles de chou attachées sur ses épaules nues, en guise d'épaulettes, brandissant une longue broche dans sa main et déjà à moitié gris.

— Comment coquin, c'est toi ; qu'est-ce que tu fais donc parmi ces négrillons?... Et ta cousine?...

— Là-dessus, *motus*, fit le garnement en posant son doigt sur sa bouche ; c'est, comme disait le conseil, un secret d'état. Quant à ma présence ici, cela signifie que je suis capitaine et que je veux me battre.... Pourquoi as-tu l'air tout penaud?... Tu es tout comme hier, quand tu faisais le fou dans la prairie, pendant l'orage.

— Tais-toi, je t'en prie, s'écria le sergent, qui craignait que l'on interprétât les indiscrétions du gamin.

— Oh! si c'est encore un secret d'état, je me tais, dit d'une voix confidentielle celui-ci en faisant trois cabrioles et cinq entrechats, sans lâcher sa broche; puis d'un bond il se trouva devant le lieutenant, qui promenait ses regards humides de groupe en groupe.

— Que veux-tu, mon enfant? demanda le lieutenant au délégué.

— Je ne suis plus un enfant, je suis capitaine; je suis élu par mes camarades, comme quand on élisait les nonces de la noblesse dans les diétines, qui se tenaient chez messire Marchocki. Je viens de la part de notre régiment vous annoncer que nous sommes prêts, et qu'il nous faut des fusils et de la poudre. Tout de suite, tout de suite, entendez-vous?...

— Tes camarades sont de braves enfans, de pur sang polonais (ici le lieutenant essuya une grosse larme), mais dis-leur qu'ils ne peuvent nous suivre, qu'il faut qu'ils restent auprès de leurs mères et de leurs grands pères. Si tu veux servir avec moi, tout seul, j'aurai encore un coin de mon manteau pour t'abriter. Tu as l'air dégourdi, je t'ai vu dans le château aux coupoles. Tu feras un bon petit tambour. Veux-tu?...

— Puisque vous ne voulez pas de nous, nous ferons la guerre pour notre compte. Quant à moi je ne déserte pas mon régiment comme ça. Je ne suis pas capitaine pour des prunes. Je m'en vais, bonsoir.

— Sang de héros! s'écria le lieutenant en tendant la main aux vieux paysans qui l'entouraient. Tous les pères de ces enfans sont donc partis?...

— Cent cinquante d'ici et des environs ont quitté le village hier à midi.

— Si peu que cela? demanda le lieutenant tout étonné.

— Que veux-tu, répondit le vieillard de cent quinze ans; les Russes ont pris les autres. Voilà la troisième levée que les brigands font depuis quatre mois. Il n'y a pas quinze jours qu'ils en ont emmené une dernière fournée.

Deux régimens de cavalerie ont cerné le village ; ils ont emboité les jambes de nos hommes dans des *dyby*, leur ont passé des fourches au cou, et les ont chassé devant eux comme des bêtes prises au piége. Il a bien fallu marcher. A l'heure qu'il est, ils savent sans doute s'aligner, charger un fusil et tirer, çà fait des grenadiers comme d'autres. Nous n'avons plus que ces marmots à te donner pour la défense de la patrie. Prends-les, chef. C'est notre amour, c'est notre avenir, c'est la dernière goutte de notre sang. Prends-les tout de même. C'est petit, mais ça ne craint rien ; ça a le cœur haut et l'œil frais. Ça fourrera bien une cartouche dans un fusil, et çà pressera une détente tout comme un braconnier. Prends-les, frère.

— Prends-les, s'écrièrent les mères en tombant à genoux, ou bien les Moscovites les prendront.

— Mais que voulez-vous que j'en fasse, mes amis, dit le lieutenant d'une voix étouffée ; c'est trop jeune, çà périra en route.

— Vous les porterez devant vous comme

des boucliers, reprit le vieillard; en voyant leur sang, les pères n'auront peut-être pas le cœur de tirer.

— Prends-les, prends-les, répétèrent les femmes agenouillées ; puis un silence lugubre s'étendit comme un suaire sur les vieillards, les femmes et les chasseurs. Quelques sanglots comprimés se firent entendre, et les enfans même étonnés, suspendirent leurs hourras, baissèrent leurs branches d'arbre et se regardèrent entr'eux.

— Chasseurs, attention ! Portez les armes ! Par le flanc-gauche, marche ! Retirez-vous, mes amis, livrez-nous passage !

Le lieutenant porta ce commandement de sa voix officielle ; voix sévère que démentaient ses joues rouges et toutes sillonnées de larmes. Mais il avait compris qu'il fallait en finir.

Le vieillard fit un signe à l'assemblée, qui comme balayée par une puissance invisible s'écoula en faisant le signe de la croix et en pleurant tout bas. Les enfans mécontens suivirent leurs mères en brisant leurs branches contre les haies. Seulement Stas, sans respect pour ce deuil religieux, hurlait une chanson bachique en enfonçant sa broche dans les taupinières.

X.

Dès cet instant une vie nouvelle entra en Boleslas ; son énergie, retrempée au saint amour de la patrie, se releva calme, fière, solennelle comme un martyr qui va monter vers Dieu dans la flamme de son bûcher. Il conçut la Liberté avec ses grandes douleurs et ses joies plus grandes encore ; il devint en un moment plus que n'avaient ambitionné ses rêves. Il devint plus que les maîtres de l'Univers; il devint citoyen.

Les masques qu'avaient gardés ses compagnons devant son égoïsme, tombèrent devant sa foi. Il vit sous des enveloppes de marbre palpiter des cœurs de héros ; il apprit à lire dans un regard, dans un geste, dans le silence même des chasseurs, tout ce que les livres ne lui avaient appris qu'à épeler. Il comprit comment une nation se lève dans un jour de colère et périt tout entière avec joie pour racheter des siècles de lâcheté. Ce fut le plus bel instant de sa vie !...

Il s'élançait léger, rapide, terrible et bon à la fois. Il regretta de ne pas vivre au temps des Romains, quand un soldat portait une armure de fer et soixante livres par-dessus. Il regretta de n'être pas Atlas, ou le Christ ; il lui semblait qu'il eût enlevé l'Olympe sur ses épaules, ou porté une croix géante au Golgotha de la Liberté. Il ne sentit plus le fardeau de son sac.

— Halte ! commanda le lieutenant à demi-voix, lorsque le bataillon eut gagné la lisière d'une grande forêt qui embrassait le village, à l'ouest.

La troupe s'arrêta, et le lieutenant l'ayant

pliée en carré, se plaça au milieu, et parla ainsi :

« Frères, le conseil de l'insurrection Podolo-Ukrainienne a reçu cette nuit un avis sinistre. Le corps de Dwernicki est entré en Autriche, et y a mis bas les armes. » Un rugissement étouffé grommela sur les quatre faces du carré. « Silence et courage, frères, poursuivit le vieil officier, notre cause est sacrée et Dieu est juste. Il y a encore cent mille Polonais debout et armés, sur le sol de notre vieille république. Ce n'est que deux mille lances de moins. Il n'y a plus rien à faire en deçà du Bug ; c'est vers la Vistule que reflue tout le sang de la patrie. Heureux qui y arrivera assez tôt !

» Le conseil a décidé que l'insurrection s'y rendrait par colonnes détachées. La cavalerie a tourné la gauche pendant que nous tournions la droite de l'ennemi. Nous nous retrouverons tous sous Zamose à soixante milles d'ici.

» Maintenant nous allons longer la frontière gallicienne, afin de rejoindre les soulèvemens Volhyniens, et d'entrer avec eux dans la Lublinie. Il faut encore percer à travers les quinze mille hommes de Rudiger comme nous venons de percer à travers les douze mille de Roth. Nous sommes peu, tant mieux ; ne pouvant compter sur notre force, nous compterons sur notre agilité et sur notre valeur. Maintenant, attention, et foi en Dieu ! » Un sourd murmure s'éleva dans les rangs, mais le lieutenant le fit rentrer dans les poitrines, d'un seul geste de sa tête ; puis il replia le carré en colonne de marche, et lui accorda deux heures de repos, après avoir pris les mêmes mesures de sûreté que le matin. Les chasseurs se couchèrent l'un sur l'autre, et s'endormirent sous la protection des sentinelles. La nuit tombait ; Boleslas tendit la main au lieutenant, et les deux amis se dirent dans un regard mutuel tout ce que la parole n'aurait pu qu'effleurer ou que fausser.

Le vieillard se replia sur lui-même, appuya son front sur ses genoux, et s'assoupit. Boleslas contemplait le ciel avec amour et orgueil. Il était satisfait de lui-même, reconnaissant envers la fortune qui lui ouvrait une si large voie de luttes et de devoirs, glorieux d'avoir tout à conquérir, rien à ramasser ; mais la même énergie qui lui révélait toutes les vertus latentes de son âme, toute la dignité ressuscitée de sa nature, lui rendait aussi ses déchirantes incertitudes d'amant. Durant son abattement ses amours n'avaient pas eu une seule de ses pensées. La douleur bestiale n'avait point laissé de place aux alarmes du cœur.

Il aurait donné toutes les femmes du globe pour une heure de halte. Mais en revêtant son auréole d'archange, il sentit rentrer en lui tout ce qu'il lui fallait de saintes souffrances pour la mériter. Jeanne, la sublime Jeanne, cette martyre dans la couche d'un tigre et sous la griffe d'un autre tigre, lui apparut blême et mourante, implorant un ami, ne trouvant que des bourreaux ; demandant une larme pour désaltérer son âme, une goutte d'eau pour désaltérer sa poitrine, ne rencontrant que l'impitoyable cigüe... que la mort des Czars auxquels elle s'était enchaînée...

Ce grand remords, mieux en harmonie avec la purification religieuse de Boleslas, le rendit indifférent, pour quelque temps au moins, au sort de Sosthénie. Il sentait que l'immolation de Jeanne avait été faite en faveur du jeune colonel. Il se croyait quitte envers le plus matériel de ses deux amours.

Cette réaction spirituelle, nourrie par l'excitation de tout ce qu'il y avait en lui de généreux, de désintéressé, sembla résoudre enfin le problème de sa double passion. Il voulut franchement renier Sosthénia, et se promit de vouer sa vie à la plus malheureuse des deux sœurs.... Cette belle résolution comportait malheureusement un subterfuge d'une insigne mauvaise foi... Il pressentait que sa servitude ne serait pas longue, il pressentait la mort de Jeanne.

Mais si l'inextricable énigme de son cœur n'y gagnait qu'un leurre de plus, son jugement politique trouvait peut-être dans son exaltation une profonde et durable garantie. — Décidément, se dit-il, l'honneur est à la fois la plus exigeante et la plus nette splendeur de l'homme; l'amour ne tient jamais d'emploi inamovible, dans son âme, et y passe des plus hautes régions aux derniers caprices, sans altérer sa fierté, ni déplacer ses tendances. L'amour est dans le cœur de l'homme un hôte trop inévitable pour y être traité avec cérémonie ; l'amour le sait si bien qu'il n'attend pas qu'on l'y invite pour s'emparer de bonne heure de la plus vaste portion de notre existence, mais aussi quand il s'en va, s'en va-t-il comme il est venu, ne laissant après lui ni vide, ni dégâts, ni remords surtout; ce qui prouve qu'il est une faculté et non une vertu. — L'amour, se dit-il encore, a été calomnié dans les livres, par des hommes qui n'ont aimé que de tête. Cet amour-là est, il est vrai, querelleur, insatiable, tracassier, pointilleux. Il ne sait jamais son âge ni ses attributions, et ressemble à un roi détrôné ou à un vieux garçon. N'ayant point de place assignée dans les marges du cœur, il prend celle des autres, s'appelant tantôt délire, tantôt poésie, tantôt affinité, tantôt religion, quelquefois estime, et alors il est le plus insupportable. L'amour de tête a plus de vanité que l'honneur, autant de prétentions que la foi, moins de raison que l'amour. Il a cela surtout de fatigant, qu'il ne s'avoue jamais lui-même ses défaites, et que pouvant, par suite même de sa nature contestable, subir toutes sortes de transfigurations, il n'a jamais la conscience nette de sa mort, et comme le Polype, recoud sans cesse les lambeaux de son corps. Un amour de tête est très-constant, parce que le cerveau a une bien plus longue jeunesse que le cœur, et qu'il peut, sans inconvénient, gaspiller ses richesses. L'amour de tête n'est point une douleur, mais c'est un embarras, un dérangement perpétuel qui se fourre partout, veut tout savoir, brouille les affections, désoriente le raisonnement, exagère les dangers, compromet l'honneur dans les mesquins complots de l'amour-propre, et rend l'âme inhabile à toute fonction régulière. Ses bruyantes prétentions lui ont souvent fait obtenir un rang auquel l'amour de cœur n'a jamais aspiré. L'imprudent jeune homme décriait en lui-même l'amour de tête, sans s'apercevoir qu'il intentait ainsi un grave procès à celui qu'il éprouvait pour l'infortunée duchesse.

L'amour de cœur, au contraire, bon enfant, despote quand il le peut, philosophe quand il le doit, jouit bien, mais jouit vite ; se dépêche de dévorer son héritage, et se fait enterrer sans regrets et sans épitaphe. Quoique braque et aveugle, il sait vivre en bonne intelligence avec ses voisins, et ne dispute pas le pas à la vertu. Quand il a jeté tout son éclat, il cède son trône sans murmurer, va même parfois occuper bravement un coin obscur du cœur, et s'endort content de son passé ; c'est un grand seigneur mal élevé, qui a cependant conservé son savoir-vivre et dépense sans discernement, mais paye comptant et se fait payer de même. Il se ruine mais ne s'endette pas. Il n'a pitié de personne et ne demande de pitié à personne. Quand il a perdu son dernier enjeu il se brûle la cervelle, et personne ne le pleure.

Chez l'homme, il est tôt ou tard mis au rang des interjections ; il n'est jamais qu'un ou plusieurs accidens dans sa vie, et ne doit par conséquent jamais faire l'objet d'une étude spéciale, au détriment de la politique qui, seule, peut suffire à la dignité et à l'ambition d'un cœur bien organisé. L'amour de la femme peut étourdir l'honneur ; mais l'amour de la société seule peut le satisfaire. On meurt ivre sur le sein de son amante, on meurt content sur le sol de la patrie.

A peine Boleslas avait-il établi ces distinctions paradoxales entre l'amour de Jeanne, l'amour de Sosthénie et l'amour de la patrie, qu'une grande lueur farda le ciel. Il réveilla le lieutenant qui, par un instinct d'habitude, porta sa corne de buffle à sa bouche, et d'un seul son dressa sur pied tout le bataillon. Puis il monta sur le plus haut des arbres, et examina attentivement l'horizon.

— C'est l'incendie du monde, dit-il en descendant; ces bandits d'Asie veulent faire un seul bûcher de toute la Pologne; mais au milieu des cendres resteront les hommes et les canons. Sergent, prenez la moitié de votre compagnie et filez en avant-garde, en vous orientant sur la plus grande lueur. Marchez sans bruit et faites-vous éclairer par quelques tirailleurs intelligens. Holà, chasseurs! Qui est du pays?

— Moi, s'écrièrent plusieurs voix ensemble.

— Sur Tynne avec le sergent; je vais vous suivre.

L'avant-garde se mit en mouvement; le lieutenant jeta deux chaînes de tirailleurs sur ses flancs, et s'enfonça dans la forêt avec le reste de sa troupe. Au bout d'une demi-heure de marche silencieuse, un coup de fusil, puis un vif roulement de mousqueterie éclatèrent à l'avant-garde.

— Caporal Dyrek, courez dire au sergent qu'il se retire lentement en tiraillant. Deuxième compagnie à gauche, baissez vos fusils et attendez mon coup de trompe. Troisième et quatrième, par le flanc droit dans le taillis; marche !

Les deux parts de la troupe s'écartèrent et se tapirent dans de hautes broussailles en laissant la voie libre à l'ennemi qui, en refoulant l'avant-garde, ne tarda pas à s'engorger dans le piége.

C'était un régiment de Jegers, escortant une levée de recrues à l'armée du sud.

Lorsque la chaîne des tirailleurs Russes eut dépassé l'embuscade, Boleslas qui se retirait sans cesse, laissa faiblir son feu, et l'ennemi rassuré relâcha ses rangs et s'écarta sur les bords du chemin en traînant une longue queue d'éclopés sur ses traces. Un rauque soupir retentit dans le taillis et une grêle croisée s'abattit sur les Russes. Les Polonais ne leur donnèrent pas le temps de se reconnaître et fondirent de toutes parts sur leurs pelotons débandés en poussant des cris de cannibales. La mort devançait la surprise ; les ténèbres, l'encombrement, les hurlemens des tueurs et des mourans, empêchaient de compter les assaillans. La déroute des Russes fut complète, le carnage épouvantable. Les recrues liés deux à deux, et entassés dans leur chute impuissante, formaient cinq ou six monceaux palpitans, d'où s'échappait un mélange affreux de râles et de blasphèmes.

La moitié de ces misérables avait été impitoyablement égorgée par ses conducteurs lardés eux-mêmes sur les cadavres de leurs victimes. On dégagea le reste avec beaucoup de peine de dessous les morts, on rompit leurs entraves, et on les arma avec les fusils conquis. Le vieux lieutenant se trouva à la tête de trois bataillons.

Boleslas put ajouter à la somme de ses expériences, celle d'une première victoire.

En essuyant sa baïonnette toute sanglante, il regretta seulement de n'avoir eu qu'à frapper. Son premier laurier ne lui sembla pas acheté assez chèrement ; et cependant sa conduite avait gagné l'estime de tous les soldats ; le vieux cosaque lui-même, tout-à-fait revenu de ses préventions, déclara qu'il n'avait pas encore vu de fausse retraite mieux ménagée et de retour plus fougueux. Le lieutenant l'embrassa devant le front des chasseurs, et lui donna le commandement des deux bataillons de recrues, auxquels on adjoignit des officiers pris parmi les plus anciens braconniers.

Là, commença pour le jeune homme une série de triomphes qui s'emparèrent de toute son ambition, et effacèrent dans son âme toutes ses autres joies et toutes ses autres douleurs. En dix jours il remporta six victoires contre des forces presque toujours supérieures, formant ses soldats en marche, glissant entre les masses trop épaisses, dispersant celles qui ne s'étaient pas encore réunies, grossissant ses forces de tous les débris ramassés sur son passage, puisant des ressources dans la destruction même.

Le lieutenant, éclipsé par son jeune ami, jouissait de ses succès avec une grandeur de sentiment qui n'est l'apanage que de quelques âmes d'élite, et qui manque presque toujours au génie. L'ardeur par trop emportée du sergent, donna deux fois à Jasiuk l'occasion d'employer son expérience au salut du régiment; mais il s'y prit de manière à ne pas affaiblir la confiance du jeune homme en lui-même, pensant que cette sorte d'orgueil, dangereuse dans les autres carrières, est le véritable secret de celle des armes, et que la plupart des grands capitaines n'ont été que d'heureux téméraires. Par suite du même principe, il cacha au sergent pendant tout le trajet le nombre des colonnes volantes qui cerclaient sans cesse les insurgés, et la situation plusieurs fois désespérée de ceux-ci. Il se chargea des soins obscurs, mais essentiels de la vigilance, de l'administration, des reconnaissances et de la discipline, ne laissant à son protégé que l'éclat des coups décisifs; il le conduisit ainsi par la main jusque sur le Bug, à travers la Volhynie, en balayant tout sur son passage, et en ne dirigeant sa jeune épée que sur des lignes ébranlées d'avance.

Boleslas quoique radieux de ses succès n'en conçut pas la présomption qu'on aurait pu attendre de son naturel inquiet et fébril. Le lieutenant remarqua avec joie que la gloire ne faisait qu'anoblir son cœur et qu'augmenter ses dispositions à la générosité et à la candeur. Il trouva en lui un enfant enthousiaste et confiant, parfois capricieux, facile à décourager, mais plus facile encore à relever. Il sentit qu'une vigueur pareille ne pouvait exister qu'à force d'alimens dignes d'elle, et il comprit comment, sans une guerre d'indépendance, sans une cause aussi sainte et aussi exigeante, elle aurait été obligée à chercher sa pâture dans des passions vulgaires ou dans de honteuses bizarreries.

Après vingt jours de prodiges, la colonne aperçut les glacis de Zamosc. A la vue des premières vedettes nationales, une acclamation générale s'éleva dans les rangs des insurgés. Ce fut une ivresse, un orgueil, un bonheur immenses; c'était la terre de Chanaan après la pénitence dans le désert, quelque chose que ne peuvent concevoir que de pauvres vagabonds qui, pour la première fois, voient des remparts, des canons, des uniformes à eux.

Les vedettes, puis les grand'gardes, puis les demi-lunes répondirent aux clameurs du régiment Podolien par trois longs vivats. Le commandant des ouvrages avancés arrêta les trois bataillons dans une grande place-d'armes, et conduisit le lieutenant chez le gouverneur. C'était un petit homme maigre, plat, assez laid, souriant d'un air méchant et dédaigneux.

— Que nous amenez-vous, monsieur le lieutenant, demanda-t-il avec distraction.

— Général, je vous amène un renfort de dix-huit cents hommes, ils attendent vos ordres dans les ouvrages avancés.

— Où avez-vous ramassé tout cela? est-ce habillé? ça sait-il l'exercice?

— Le régiment se compose d'un bataillon de franc-chasseurs, tous vieux soldats des légions, et de deux bataillons de recrues arrachés aux griffes des Moscovites. Ils savent se mettre en ligne, se plier en colonne et en carré, charger un fusil et tirer à mi-hauteur d'hommes, la baïonnette fait le reste. Les capotes sont râpées, les bottes en morceaux, mais les armes sont en bon état.

— Je vous avouerai que je n'ai que faire d'eux. Tous ces vieux traînards des légions sont ivrognes, paresseux et insolents; quant aux deux autres bataillons, vous pouvez les renvoyer chez eux. C'est une déloyauté que de les avoir enlevés à leur gouvernement légitime, et ce serait un embarras de les garder; çà mangerait plus que cela ne vaut, çà dépareillerait l'armée constitutionnelle. D'ailleurs ils seraient de mauvais exemple pour la garnison; nous tolérons les soulèvemens de la petite Russie, mais nous ne pouvons les encourager ouvertement, en assimilant leurs aventuriers aux troupes régulières. Si j'ai un conseil à vous donner, c'est de licencier vos miquelets, et de demander du service dans l'armée de ligne. Je vous garantis votre grade de lieutenant et la demi-solde que vous touchiez dans le corps des vétérans avant la révolution.

Le lieutenant, pâle de fureur, muet d'indignation, porta machinalement la main à son épée, en tordit la garde dans une crispation convulsive, et s'élança dehors en crachant sur le seuil. — Et voilà là les généraux Polonais ? hurlait-il en traversant les poternes, voilà les misérables auxquels la patrie a confié son salut ?.. Infamie ! trahison ! mort ! Égorger toute cette canaille, brûler leurs cadavres et en jeter la cendre au vent, dresser des gibets à tous les quartiers-généraux; sinon nous crevons comme des chiens ; le Russe nous passera sur la gorge, et ces gredins en riront avec lui... Non pas, rage de Dieu ! vaut mieux un peu de sang maudit que cent ans d'esclavage...

— Qu'avez-vous donc, mon ami, lui demanda Boleslas en le voyant arriver, les yeux hagards et la bouche écumante... quelque désastre sans doute ; le général vient peut-être de vous faire part de la défaite d'Ostrolenka?..

— La défaite d'Ostrolenka !.. s'écria le vieillard exaspéré, encore une trahison !.... Nous sommes donc vendus comme en pleine foire?

— De quelle trahison parlez-vous, mon ami ? La bataille d'Ostrolenka est notre plus beau fait d'armes ; nous sommes restés maîtres du champ de bataille, nous n'avons été épuisés que par la victoire même. Demandez plutôt à ce camarade qui l'a vue de près.

— Certainement, lieutenant, dit un jeune porte-enseigne qui se trouvait là ; j'y ai été, et je puis vous assurer qu'après le carnage du Bois d'Aulnes, c'est la plus glorieuse affaire où se soit trouvé notre régiment. Avec deux divisions d'infanterie et deux batteries privées de leur second rang de caissons, nous avons arrêté pendant quinze heures toute l'armée Russe. On ne s'est battu, de notre côté, qu'à la baïonnette ; le soir les ponts se sont écroulés sous le poids des cadavres ennemis, c'était horrible à voir; mais nous étions trop peu. On accuse le généralissime de s'être laissé surprendre. Au fait, personne ne sait comment et pourquoi s'est livrée cette boucherie. Avant d'entrer en ligne nous aurions dû rallier toutes nos forces ; c'est au moins ce que disent entre eux les officiers.

— Trahison! trahison! murmura encore le lieutenant. Boleslas, faites porter les armes, et en route... Nous partons pour Varsovie.

— Comment?.. nous quittons Zamosc? Je

croyais que le gouverneur désirait du renfort. Déjà Rudiger investit la place au nord.

— Oh! il faut d'autres gaillards que nous au gouverneur; c'est un homme difficile, voyez-vous.

— On vient de me dire qu'il est vendu aux Russes et qu'il correspond avec Thiemann. La garnison est indignée de sa négligence et de sa froideur pour la cause nationale. C'est une vipère dangereuse.

— Oh! si vous saviez ce que ce misérable m'a dit!... Je ne sais qui a arrêté mon bras... Je vous conterai cela plus tard.

Boleslas aimait respecter la réserve de son ami. Il lui savait une grande répugnance pour les révélations, et il résolut de ne pas plus l'interroger sur ses vues politiques, qu'il ne l'avait fait au sujet de Sosthénia. La colère des vieillards est froide, sombre et implacable à la fois. Elle ne se compromet pas d'avance, elle se tait, agit, ne se trahit que par ses effets. Elle ne cherche point de complices, juge sans appel, exécute sans remords. C'est la glace qui se fige silencieuse dans les fentes des rochers, les écarte et les déracine sans autre fracas que celui de leur chute même. C'est la passion sans passion ; c'est cette grande colère du Dieu hébreux dont ont parlé les prophètes.

Le lieutenant resta quinze jours sans ouvrir la bouche, et tous disaient : C'est mauvais signe.

Le régiment arriva ainsi sous Varsovie. Tout y était déjà en feu. La récente trahison de Jankowski, et celle déjà soupçonnée de Gielgud excitaient le désespoir du peuple. Tous les jours une foule exaspérée, bondissait du palais du généralissime au château-royal où étaient enfermés les prisonniers-d'état, criant sans cesse : Mort aux traîtres ! Mort aux traîtres ! La défiance était dans tous les cœurs en même temps que le découragement s'emparait des plus intrépides. La soif fiévreuse de sang que le généralissime se refusait d'étancher sur l'ennemi, se portait sur les chefs connus par leur malveillance à l'égard de la révolution. L'autel de la Liberté réclamait des victimes.

— Boleslas, dit un matin le lieutenant, en donnant au jeune homme un paquet cacheté, vous allez partir pour Varsovie, et vous remettrez ces dépêches au capitaine Malinowski, que vous avez vu un jour avec moi au café de Hanusia, et que vous y trouverez encore.

— Mais, mon ami, ne pourrais-je pas connaître le contenu de ces papiers?

— Non, répondit sèchement le vieillard en fronçant les sourcils et d'une voix que Boleslas ne lui connaissait pas encore.

Le sergent arriva à Varsovie dans la nuit du 13 août. Il eut de la peine à percer la foule qui couvrait les places publiques. Il s'informa çà et là du motif de ces attroupemens, mais personne ne sut satisfaire sa curiosité. Il entendit seulement proférer de vagues imprécations contre le généralissime, récemment destitué, contre les traîtres, contre les prisonniers conjurés et contre ce qu'on nommait communément alors les *aristocrates*.

Ce langage, étranger à sa naïveté politique, lui sembla comme des sons appliqués à la vue, ou des couleurs appliquées à l'ouïe. En combinant cependant ce qu'il voyait avec les sinistres menaces du lieutenant, il pensa que les dépêches dont il était porteur se rattachaient à quelque terrible mouvement populaire. Il courut donc au café de Hanusia, tourmenté par un mélange confus de souvenirs, de pressentimens, de peur et de curiosité. C'est là qu'il avait appris la vie.

Le premier salon était rempli d'officiers en uniformes râpés et sans épaulettes. Leurs yeux lançaient de sombres éclairs, et leurs lèvres livides ne se desserraient que pour se renvoyer des monosyllabes d'un effrayant laconisme. Quelques jeunes gens, qu'à leur mise négligée et à leur air prétentieux on reconnaissait facilement pour journalistes, étaient montés sur les tables, et déclamaient contre l'ineptie du gouvernement, contre la timidité du tribunal révolutionnaire, et contre l'indulgence avec laquelle on traitait les anciens agens de Constantin et les prisonniers Moscovites. Le branlement de tête et les gestes impatiens des officiers semblaient leur répondre : « Vous nous fatiguez de vos continuelles répétitions, vous nous avez déjà dit et écrit cent fois la même chose. Descendez donc de vos tribunes, et venez plutôt nous aider à pendre les aristocrates et les traîtres. »

Ces terribles menaces saillaient en lettres de feu sous une main invisible qui ridait tous les fronts et les enveloppait d'un crêpe sanglant.

Boleslas passa inaperçu au milieu de cette troupe de spectres, et pénétra jusqu'à la salle de billard en cherchant le capitaine auquel était adressée la dépêche. Il ne tarda pas à reconnaître l'invalide, qui, tranquillement accoudé sur un petit guéridon recouvert d'une toile cirée, humait son pot de bierre chaude, exactement comme le jour où Boleslas l'avait trouvé pour la première fois avec le lieutenant. Il le salua, lui remit le paquet; puis, poussé par je ne sais quelle reminiscence ou par je ne sais quel instinct, il ouvrit la porte du dernier cabinet, et y plongea un regard inquiet.

Un glapissement enroué s'échappa de sa gorge; il referma la porte avec violence, et s'enfuit comme un sauvage qui retourne au désert.

Il avait aperçu Sosthénia, la tête appuyée sur l'épaule du cornette, qui, sans doute pour échapper aux recherches des Varsoviens, alors fort mal disposés envers les prisonniers Russes, s'était déguisé en garçon de cuisine, et avait cherché un asile auprès de la jeune fille. Mais comment celle-ci était-elle retournée à sa première condition? pourquoi avait-elle abandonné sa glorieuse carrière d'amazone, elle, l'enfant des montagnes et de la Liberté?... Sans doute pour revoir son cornette..... Cette pensée replongea le sergent dans l'abîme d'où l'avait retiré son enthousiasme militaire. L'amour se réveilla avec la jalousie. La blessure cicatrisée par l'encens de la poudre se rouvrit plus large, plus saignante, plus hideuse que jamais. Toutes ses colères, engourdies sous quelques lauriers, secouèrent leur torpeur et se refondirent en un torrent de haine sardonique, implacable, dédaigneuse. Il blasphéma sans pitié, sans examen, sans appel. La Circassienne ne fut plus à ses yeux qu'une louve de steppe, que chair de harem. Il la maudit, oubliant, le misérable, combien elle lui avait été indifférente depuis que la gloire avait absorbé sa passion. Il la maudit parce qu'il l'aimait, et il ne se rappelait cet amour que pour la maudire. Il n'avait eu qu'une larme pour pleurer sa perte, qu'une heure de deuil pour la poursuivre de ses regrets ; deux mois s'étaient écoulés sans elle, sans son ombre même ; jusque-là le carnage lui avait suffi, mais voilà qu'il lui redemande ce qu'il a lui-même jeté au vent de l'oubli. Il s'indigne de son infidélité ; lui, l'amant de tous les souffles de la terre !

Il s'enfuit de Varsovie, et erra deux jours dans les bois comme une bête fauve à laquelle des tourmens ont ôté le sentiment de ses véritables desirs.

De retour au camp, il trouva tout sous les armes, morne et silencieux. Le vieux lieutenant lisait avec un sourire amer la liste des misérables sacrifiés dans la nuit du quinze août.

— Belle proie pour la Liberté, murmura-t-il en levant les yeux sur Boleslas... C'est bien, ma foi ! trente mouchards qu'il lui fallait en holocauste !... et il s'arrêta en couvrant de sa main l'expression haineuse de sa bouche. — Allons, chasseurs ! portez les armes, et marchons !

— Où allons-nous donc ? demanda le sergent.

— A Janow, sur la haute Vistule. On nous envoie à Rozycki pour livrer plus commodément Varsovie. On tient au reste à nous immoler avec éclat ; voici pour vous un brevet de capitaine et une croix d'officier.

Les yeux de Boleslas étincelèrent de joie, et il se jeta avec l'avidité d'un enfant sur le brevet, en oubliant aussitôt trahison de femme et trahison de généraux. Puis, par un retour pudique sur lui-même, il s'arrêta honteux, gêné, et demanda au vieillard, en balbutiant, si ses services étaient également récompensés.

— Moi, je ne suis bon qu'à faire un lieutenant de braconniers et à mourir à la tête d'une colonne ; vous le savez, capitaine.

Boleslas déchira son brevet.

— Les voleurs jettent du pâté aux dogues gardiens ; mais bon chien ne mange pas de toute main, murmura Jasiuk en serrant le sergent contre sa poitrine.

XI.

C'était par une fraîche nuit de septembre, sur les rives de la Vistule.

Il était une heure du matin.

Un géant noir accroupi sur le fleuve allongeait sa trompe vers les hauteurs de Janow, et de sa large queue couvrait les versants opposés.

De faibles lueurs sillonnaient ses flancs à travers l'onde qui, murmurant des plaintes inintelligibles, couronnait de sa blanche haleine toute la vallée.

Sur la rive droite attente et vigilance. Sur

la rive gauche silence et sommeil. Deux camps étaient là...

— Garde à vous! cria une ombre en se dressant sur un tas de schakos et de hâvre-sacs couchés pêle-mêle devant des faisceaux d'armes... La rive droite ouvrit une gueule rouge, chassa une bouffée de fumée, et poussa un rauque soupir. Une gerbe d'étincelles frisa les hautes vapeurs du fleuve, et un obus vint ramper aux pieds des faisceaux Polonais.

La rive gauche, réveillée en sursaut, se leva tout entière; et un bourdonnement mêlé de cliquetis, courant comme un frisson de colline en colline, alla mourir dans les vieilles forêts de Zwolin. Six mille fers se hérissèrent sur la sombre vallée, muets, droits, immobiles comme la lame d'un maître d'armes qui pare un coup..... Tous les murmures rentrèrent dans les poitrines pour livrer l'espace à l'écho d'un second défi... mais le canon Russe ne le donna pas; et enveloppé dans les plis blafards de sa première fumée, il parut se rendormir... Seulement deux râles lointains, perdus dans les brouillards de l'ouest, répondirent: Bientôt! bientôt!

— Mauvais signe, dit tout bas un sergent de la grand'garde ; ce coup de canon ressemble furieusement à une question, et cet écho là-bas à une réponse. Si je ne me trompe, c'est Davidow qui cause avec Rudiger, et nous sommes probablement le sujet de cette ingénieuse conversation..... Qu'en dites-vous, capitaine?...

Le capitaine, beau brun, à la taille cambrée et à la moustache cirée, ne répondit pas, mais il tira un petit peigne de sa poche, et tout en étageant son abondante chevelure sur sa tempe gauche, bâilla, se secoua pour ramener son manteau fourré sur ses épaules, et se mit à fredonner en *la* un refrain du *Paysan millionnaire*. Le sergent secoua la tête et alla rejoindre un vieux lieutenant qui alignait à tâtons un peloton de faucheurs et visitait les armes des fusiliers... Une patrouille glissa sur le flanc de la grand'garde ; le commandant échangea quelques bons mots avec le beau capitaine, et disparut avec ses cavaliers.
— Rassurez-vous, dit le capitaine au lieutenant ; c'est un signal convenu entre les Russes et le général qui leur envoie un parlemen-

taire pour leur proposer la suspension d'armes dont il a été question il y a quelques jours. Pour mon compte j'en suis bien aise, car cette guerre de Calabrois commence à me lasser et j'ai soif de repos. Le lieutenant fronça ses sourcils roux et cracha de côté sans répondre. Le capitaine sourit avec dédain, se roula dans son manteau et s'étendit par terre.

— Boleslas ! dit le lieutenant au jeune sergent, vous êtes un noble et vaillant jeune homme ; il est temps que vous compreniez nos malheurs. La Pologne est perdue... non pas comme un brave soldat qui brûle sa dernière cartouche et meurt le dernier sur un tas de morts; non pas comme un magnat qui vend son honneur pour un crachat, non pas comme un martyr qui se couche sur sa tombe et attend le coup de grâce, mais comme un damné qui, encore jeune, encore bouillant, encore fier, se sent roulé dans l'abîme par l'impitoyable jugement de Dieu, malgré ses blasphèmes et ses cris. Les cœurs insouciants ne sentent rien de tout cela, mon pauvre ami ; ce beau capitaine a drapé ses membres dans une fourrure; son âme, dans l'indifférence, rêve au whist et aux filles de Varsovie ; d'autres noient les menaces de l'avenir dans les joies féroces du carnage ; ceux-ci oublient les grandes douleurs de la nation dans les petits triomphes de l'amour-propre ; ceux-là n'oublient rien parce qu'ils n'ont rien su et ne veulent rien savoir... L'orgueil de l'existence se trahit encore dans le port prétentieux de cette malheureuse cohue qui se croit une puissance et qui n'est plus qu'un squelette. Il y a bien là encore des drapeaux, des uniformes et de la bravoure, mais sur cette fête maladive plane nuit et jour un nuage sinistre, un fantôme de dérision, une sentence de mort, quelque chose d'incompris et d'effroyable..... Les yeux ordinairement clairs du vieux lieutenant s'assombrirent comme les ténèbres qui voilaient encore l'horizon, et un gros soupir grommela dans sa large poitrine comme un tigre encagé.

— Vous voyez tout en noir, mon cher lieutenant, répondit le jeune homme en serrant les mains caleuses du vieillard entre ses doigts de fille, et penchant son front de côté. Dernièrement, vous prétendiez que Praga était au pouvoir de Golowin ; c'était Ramorino qui faisait mettre bas les armes à Werpachowskoï ; vous ne donniez pas trois jours d'existence aux remparts de Varsovie, et voilà deux semaines que Paszkiewitz se morfond devant Szymanowo. Vous vous défiez de Krukowiecki, et vous voyez pourtant que le furieux vieillard barricade les rues avec des remparts de morts, et transforme la ville entière en un seul fourneau de mine. Il se fera sauter sur la dernière pierre de Varsovie plutôt que de rendre son épée au feld-maréchal...

— Dieu le veuille ! murmura le pieux lieutenant en se signant, et une larme brûlante vint jouer avec sa rouge moustache. Le jeune homme ému leva les yeux vers le noir firmament en y cherchant une étoile, mais il n'y trouva que de lourdes nues qui, balancées çà et là par un vent indécis, étendaient leurs ailes immenses sur les deux armées.

— Père, dit-il au vieillard dans sa langue de poète, lisez-vous dans le ciel ; que disent ces sombres géants ?

— Je suis bon catholique et peu lettré... Depuis quarante ans je sers ma sainte-patrie, et j'écoute la messe, sans vouloir pénétrer les mystères de Dieu.

— D'où vous vient donc votre empire et votre pénétration ?...

— Du cœur, mon enfant... La douleur m'a beaucoup appris... Cinq fois j'ai vu l'aigle d'argent briser ses fers et en secouer les débris aux quatre vents du monde, et cinq fois j'ai vu les démons de l'égoïsme et de l'inconstance couper ses ailes et tailler ses serres. Au temps de Pulawski j'étais un pauvre enfant, serf, fils de serf, chair de serf dans les biens de monsieur Potocki. Le noble seigneur m'attelait à la charrue avec un autre paysan comme moi, qui, comme moi, s'est enfui et est devenu émir en Arabie. Moi, je m'enrôlai dans la bannière de Zaremba, contre la tyrannie Moscovite. Nous vainquîmes, et Zaremba se vendit à Saldern. En 1794, je repris les armes sous Poninski; nous vainquîmes encore, et Poninski nous vendit à Ferzen. En 1798, je m'embarquai pour l'Égypte avec Zaionczek, nous vainquîmes pendant quinze ans... Zaionczek se vendit à Alexandre..... brisé, usé, rouillé comme une vieille carabine... tu sais, enfant, ce que je fis le 29 novembre... Nous avons vaincu à Grochow, à Wawer, à Boremel, en Podolie, partout... Nous avons couronné, puis chassé Chlopicki qui ne voulait point de Pologne ; Skrzynecki qui ne voulait point de bataille ; Dembinski qui ne voulait point de peuple... Krukowiecki a juré sur ses cheveux blancs qu'il nous rendrait la victoire et la liberté ; nous l'avons fait tout ce qu'il voulait... tout ce que vous vouliez, vous autres pauvres jeunes gens enthousiastes et crédules... Eh bien ! mon enfant, il nous vendra après une victoire, comme nous ont vendus Zaremba, Poninski et Zaionczek...

— C'est épouvantable..... Dieu ne veut point de Pologne ! murmura le sergent, qui comme toutes les âmes ardentes, passait sans réflexion de l'orgueil au désespoir.

— Monsieur, vous blasphémez ! s'écria le vieillard en se dressant sur ses jambes... Dieu veut une Pologne, mais il la veut purifiée par l'épreuve, rajeunie par la foi.... montée au golgotha de l'Univers, à travers de longues alarmes... Et comme si le pauvre lieutenant eût commis quelqu'indiscrète révélation, il retomba soudain dans une honte d'enfant, et chercha visiblement à se donner une contenance en brossant sa vieille redingote avec son vieux bonnet de police, et en promenant son regard embarrassé sur les contours encore insaisissables de la vallée.

Le sergent, familiarisé avec le caractère de son vieil ami, le quitta pour rôder autour du peloton, qui, muet et debout devant trois baraques de branchages, attendait le commandement du lieutenant.—Armes au repos! Formez les faisceaux! dit à demi-voix l'officier. Sergent! ne laissez point dormir vos hommes.

Cependant quelques taches blanchâtres commençaient à poindre vers l'orient. Les nuages culbutés par une brise mieux décidée se refoulaient en noirs pelotons vers les forêts de Zwolin. Le rideau céleste déchiré contre les crêtes de la rive droite écharpait en franges irisées et traînait avec lui un essaim de flocons roses, orangés, violets, qui chassés en biais comme une neige de rubis, volaient à l'avant-garde du soleil et ouvraient sa marche conquérante. Les saillies des parapets russes se détachaient en immense crémaillère sur cette toile flottante, ouvrant leurs gueules railleuses et grinçant leurs dents de bronze ; un collier de baïonnettes se roulait, se déroulait, se croisait, s'alignait sur ces montagnes ciselées sans qu'on pût apercevoir les ressorts vivants qui écrivaient ces étranges hiéroglyphes. On eût dit la main invisible traçant *Thékel-Pharès* sur un tertre de cimetière. La lumière ruisselant par-dessus les hauteurs de l'est, embrasa les chemins couverts, puis le pont, puis la tête-de-pont devant laquelle s'était brisée la veille toute l'infanterie de Rozycki. La brise du matin balayait jusque dans les rues de Janow, des panaches, des lambeaux d'uniformes, des bracelets d'aides-de-camp. De riches pétales de cervelle et des festons de sang caillé se balançaient en guise de fleurs après les pâles robes des bouleaux, pour faire mentir la nature. Il y avait là une horrible dérision de l'enfer ; une couronne d'immortelles sur un calice de fiel pour la Liberté expirante...

Sous les décombres enfumés des masures s'écrasaient des monceaux de cadavres sur lesquels l'ange de la nuit avait jeté son linceul en attendant que la terre ingrate, pour la défense de laquelle ils étaient tombés, daignât leur prêter un coin de son tombeau. La mort couchée sur l'automne dans la Pologne mourante, pour une foi mourante, étalait au loin ses pompes épouvantables. Mort dans les âmes, froid dans les cieux, ruines sur la terre, doute partout! Seulement, l'éternel sapin, emblème de résurrection infinie, planait sur les morts et sur les vivants, toujours vert, toujours jeune, toujours beau, mais d'une verdure qui attriste l'âme, mais d'une jeunesse qui ignore ses années, mais d'une beauté qui fatigue les regards.

Tout-à-coup le fond du tableau s'enlumine d'une rougeur maladive ; le camp Polonais s'agite, se rompt, se délaie avec les hauteurs de Janow sur la gauche, la forêt de Zwolin sur la droite, le chemin de Sandomir devant lui. Les colonnes saluent l'aurore d'un immense vivat : Pauvre aurore! pauvres colonnes! Comme chassé de l'orient par ce cri d'amour, l'œil de Dieu soulève sa paupière de feu et enveloppe les retranchemens russes d'un regard de colère. Les canons étincellent, les baïonnettes rayonnent, les embrasures versent sur la vallée des trombes de lumière qui fouettant le paresseux brouillard viennent jeter leur auréole aux pieds des martyrs. Le soleil s'élance vers le zénith comme un bouquet d'artifices et met le feu aux batteries de Davidow. Douze obus éclatent devant la grand'-garde polonaise, et comme trois heures auparavant, Rudiger, accourant de Radom avec vingt mille hommes et quarante pièces d'artillerie, répond par la gueule du bronze : « *Bientôt, bientôt!...* »

— Rejoignez les colonnes et doublez le pas, cria un aide-de-camp, en passant ventre à terre devant le front de la grand'garde. Davidow a refusé l'armistice et nous sommes pris entre deux feux.

— Cela me rajeunit, dit au vieux lieutenant le beau capitaine qui, à part ses habitudes de dandy et son orgueilleuse bêtise, était un brave officier. Il n'y aura pas à traîner l'affaire en longueur, foudre de Dieu! Nous tuerons ou nous serons tués... Il relevait la tête pour surprendre sur la figure du lieutenant l'impression qu'avaient pu produire ses paroles, lorsqu'une balle l'étendit raide mort devant sa petite colonne.

— Grenadiers, dites un Ave Maria pour son âme, grommela le lieutenant en prenant sa place; sergent, par ici! Déjà une colonne Russe débouchant par la tête-de-pont, en deçà de la Vistule, éparpillait ses tirailleurs derrière les murs ruinés de Janow, et une grêle de plomb sonnait un carillon funèbre contre les hautes et larges faux de la grand'garde.

— Faucheurs, serrez vos rangs! Fusiliers, à gauche, et faites face à cette canaille! Là, un peu plus près, abritez-vous dans la ravine; tirez lentement; visez bien; sergent, vous m'en répondez; n'abandonnez votre poste que lorsque vous vous trouverez à la hauteurs des dernières colonnes qui sans doute vous relèveront....

Boleslas détacha trente hommes poudreux, armés de mauvais fusils autrichiens, et les plaça dans un pli de terrain, d'où on voyait sans être vu.

— Mon chien ne tient plus, le canon de mon fusil est crevé; il y a du son et de la suie dans nos cartouches! crièrent ensemble en jurant, les soldats de Boleslas.

— C'était tout de même à Ilza et à Solec;

bougres de recrues, çà ne vous a pas empêché de briser les belles lames de Tula et d'embrocher les dragons de Wurstemberg. En avant, traînards!... Les soldats, animés par la voix de leur sergent, poussèrent un hourra ; et oubliant la recommandation du lieutenant, crachèrent dans leurs inutiles bassinets et se précipitèrent la baïonnette haute, contre une large tête de colonne qui noircissait la plaine. Boleslas enivré par l'âcre encens de la poudre, rugit comme un taureau blessé, et en deux bonds se trouva en tête des siens.... En cinq minutes le groupe roulé, sanglant, pressé flanc contre flanc fut cerné de toute part. Un jeune officier russe ramassa dans sa petite main blanche trois baïonnettes portées sur le cœur du sergent et lui cria de se rendre ; mais Boleslas l'étendit mort d'un coup de crosse et donna tête baissée dans la foule, qui fouettée par son regard enflammé baissait ses lames écarlates, et se refoulait sur elle-même.

— En avant, sang de chien ! Mort au Lach, tue-le ou je t'écrase, race réprouvée, fit une voix méridionale en montant le tintement d'une énorme carabine au diapason de son organe... Mort à toi, vilain roux, répéta-t-elle en face du sergent, qui poussé comme un obus à travers morts et mourants s'était heurté contre le géant.

Les deux antagonistes étreints par la cohue se trouvèrent collés poitrine contre poitrine sans pouvoir ni se fuir ni lutter. — Mais fais-donc place au jeu de ma baïonnette, sale rebelle ! hurlait le géant en bavant de rage et de fatigue... Tu vois bien que j'ai soif de ton sang maudit... Mais il cherchait en vain à dégager son arme d'entre deux cadavres qui, ternes, livides, et debout, frémissaient au gré de la presse toujours croissante des combattans. Dix fusiliers Polonais, encore survivant à la boucherie, écartaient tout devant eux pour arriver jusqu'au sergent, et la masse ennemie affluée autour de cette poignée de furieux, s'étouffait et se lardait elle-même, cherchant en vain à imprimer une direction décidée à son balancement.

Un nuage de poussière enveloppa ce désordre épouvantable, et le géant profitant d'une large trouée ouverte par un boulet, au milieu de la foule, fit un saut en arrière, et d'un coup de baïonnette renversa le sergent. Le fer amorti par les buffléteries ne fit qu'effleurer les chairs, mais le jeune homme étourdi du choc, roula sous les pieds des Russes en grinçant les dents... — Oh! ne le tuez pas, s'écria une voix lamentable, qui, comme une rédemption de Dieu, descendit au cœur du sergent... C'était le vieux lieutenant qui, du haut d'une colline, ayant vu l'imprudent peloton s'abîmer dans une forêt de baïonnettes, était accouru avec ses faucheurs pour dégager les fusiliers de Boleslas.

Et les larges faux lancées et baissées sans cesse fendaient l'air, fendaient les armes, fendaient les têtes, fendaient les cadavres et les clouaient au sol empourpré. — Arrière, brigand ! lâche ce jeune homme ou je hache toute la Moscovie! criait la voix lamentable au géant qui, un pied sur la gorge de Boleslas, parait la chute des faux. Trente guillotines ailées s'élevaient en sifflant dans l'espace, pirouettaient, puis rebondissaient contre la lourde carabine du Russe qui dépassait de toute sa tête les plates coiffures des faucheurs Polonais. Boleslas râlait sous ce pied d'éléphant, et rendait l'âme dans une mare d'écume. L'instant était décisif... Le vieux lieutenant, malgré ses soixante-huit ans, sauta par-dessus les cercles de fers qui lui cachaient Boleslas, saisit son jeune protégé par les cheveux et l'arrachait déjà de dessous le pied de son bourreau, lorsqu'un coup de crosse le renvoya hors de l'enceinte des combattans. L'invincible géant, debout sur ses victimes, bravait toutes les fureurs. Les faux reculaient devant son œil de Titan, et les Russes ralliés derrière ses larges épaules comme derrière un parapet, retournaient à la charge pour la troisième fois. Déjà l'impitoyable grenadier, débarrassé de ses antagonistes, suspendait la pointe de sa baïonnette au-dessus de la poitrine du sergent, quand un jeune sous-lieutenant, à la parole brève et au regard impérieux, d'un geste désarma le premier, et d'un autre fit relever Boleslas...

— Père! tu me réponds de sa vie... fit l'officier en s'éloignant. Et il jeta un coup-d'œil plein d'indécision et d'anxiété sur le sergent qui ne parut pas le reconnaître. Quinze faucheurs désarmés et pris avec Boleslas glissèrent entre deux rangées de cosaques et de fantassins qui, conduits par le géant, se dirigèrent vers la tête-de-pont.

— Rends grâce au sous-lieutenant, grommela le géant en affermissant sa baïonnette gluante au bout de son fusil; sans lui tu aurais accompagné ceux-là, et il montra le tas de morts qui encombraient son passage.

— Plût au ciel qu'il en fût ainsi, répondit le malheureux prisonnier...

Cependant les éclairs, les colonnes et les tourbillons emportés dans un cri de détresse, filaient, comme une comète échevelée, vers le sud.

La division Polonaise enveloppée par les escadrons venus de l'ouest et chassée en queue par la sortie de Davidow, se débattait, en courant vers les montagnes de Sainte-Croix. Une forêt de lances, de faux et de baïonnettes balayées par le siroko de quarante pièces, tantôt s'inclinait de terreur, tantôt se hérissait de colère comme la crinière d'un sanglier. Boleslas accroupi sur un parapet au milieu de ses compagnons de servitude, planait sur cette horrible tempête. La vallée étranglée entre la Vistule et les hauteurs boisées de l'ouest, d'où débouchaient les masses de Rudiger, se déroulait à ses regards comme un tapis de roulette, comme un damier gigantesque où se jouait l'avenir de sa pauvre patrie. Les colonnes Polonaises serrées en minces losanges sur la route de Chodcza, brillaient encore entourées d'une auréole de feu et d'ombres, comme une perle de rosée sur un panache de cyprès, comme une dernière étoile sur un ciel orageux, comme un nom aimé sur une bière d'ébène. Tout-à-coup le diadème d'airain qui couronnait la plus haute montagne de l'ouest secoua ses fleurons avec d'épouvantables fracas, et concentra ses rayons ardens sur un pli noir que la distance empêchait de bien distinguer. Les fers Polonais, jusqu'alors ramassés en un faisceau compact, se dispersèrent comme les étincelles d'un foudre sous le marteau d'un cyclope; et les bonnets noirs et blancs de la cavalerie de Rozycki disparurent derrière des spirales de poussière. C'était au passage d'un pont à demi-écroulé sous les obus. Les Polonais refoulés vers cet étroit défilé, s'écrasaient sur la rive infernale qui ne leur laissait de choix qu'entre les flots et le boulet.

Un râle, un seul râle atroce, immense, s'éleva du fond de cette gorge mortelle, vers l'impitoyable soleil qui, impassible sur son palanquin de feu, souriait en dardant à plomb sur les vainqueurs et sur les vaincus...

— Eh bien, misérable! dit à Boleslas, le vieux géant, nonchalamment couché sur un affût... Où est ta patrie? Où sont vos lauriers, malheureux fous qui de votre doigt d'enfant menaciez le trône du Czar?..... Vois-tu là-bas dans ce tourbillon rose, agonisent vos derniers soldats... Dans ce cri de détresse que pousse votre dernière batterie, s'en vont votre âme et vos lois.

— Tu en as menti, esclave! Rudiger triomphe ici d'une poignée d'imprudens, mais votre feld-maréchal succombe sous les remparts de Varsovie. La patrie est là-bas..... le sang de la Pologne a reflué vers le cœur; vois-tu... Demain, vous apprendrez la défaite de vos hordes...

— Tais-toi, fou! murmura le géant en pleurant comme une femme.

Boleslas le fixa avec étonnement... A l'instant même, le pont de Janow craqua sous le galop d'un courrier, suivi de quatre dragons. L'officier laissé à la tête d'une compagnie dans le fort, courut à leur rencontre et rompit le cachet d'une dépêche que lui remit le messager. Un sourire d'orgueil se promena sur ses traits, et un roulement de tambour ramassa les soldats russes, dans une petite place d'armes qui donnait sur le pont. Les prisonniers furent rangés à l'aile gauche, et un aide-de-camp lut à haute voix la proclamation suivante :

« Fidèles défenseurs de la patrie, humbles sujets de sa majesté l'empereur et autocrate de toutes les Russies, roi de Pologne, de Sybérie et d'Astrachan; grand duc de Lithuanie, de Samogitie, de Livonie et d'Estonie, prince souverain de Tiflis et d'Erivan, protecteur des peuples Valaques et Moldaves ;

» Le maître des Cieux, qui récompense la fidélité et châtie la trahison, a couronné les efforts des invincibles armées Russes, contre une poignée de misérables que, ni les menaces ni la clémence de l'empereur et autocrate, n'avaient pu détourner de la voie de perdition où les avaient engagés leur folie et leur orgueil. Varsovie aux triples remparts... Varsovie, ce cimetière sanglant d'où des réprouvés ont osé porter leur main sacrilége à la couronne des Romanow... Varsovie qui, pendant dix mois, a insulté notre puissance, a été emportée d'assaut dans la nuit du 7 au 8 septembre. Les rebelles sentant tout le poids de leurs crimes, et n'espérant plus en la miséricorde tant de fois méconnue de l'empereur, se sont défendus avec acharnement ; mais l'intrépidité de nos héros a triomphé de leur audace, et la fière capitale du royaume de Pologne est à nous. Soldats ! rendez grâce à l'Éternel, et reconnaissez sa main inexorable dans les ruines de la cité rebelle... »

» Signé, Son Altesse le prince feld-maréchal,

« Paszkiewicz Erywanskoï. »

Un hourra sinistre retentit dans les airs, et les faces ternes et cuivrées des fantassins russes reluirent d'une joie stupidement sanguinaire.

Sans trop comprendre l'emphatique proclamation du feld-maréchal, les brutes pressentaient sans doute, par un instinct de parias affamés, qu'il y avait sous ce chiffon de papier quelques rations d'eau-de-vie et de gruau. Ils narguèrent les prisonniers avec insolence ; quelques-uns leur crachèrent à la figure, puis leur présentèrent leurs gourdes avec une grimace qui tenait du chat-huant et de la panthère. Le jeune officier auquel Boleslas devait la vie, les écarta à coups de plat d'épée, vint parler à l'oreille du géant, puis courut au commandant qui lui remit une lettre pour le feld-maréchal, en lui ordonnant de monter à cheval et de partir à l'instant même pour Varsovie. Boleslas remarqua que tous les regards intelligens étaient fixés sur lui. Il affecta un calme parfait ; mais lorsque le jeune messager eut franchi la poterne de la place-d'armes, et eut lancé son cheval sur la route du nord, le pauvre sergent sentit une rage d'enfer s'abattre sur son cœur, et des sanglots entrecoupés de sourds blasphèmes s'échappèrent de sa poitrine.

— Prenez soin de cet oiseau, caporal, dit

le commandant au géant, en braquant sa lunette sur le sud... La canonnade s'éloignait de minute en minute comme les soupirs d'un mourant. — Maintenant, canonniers, à vos pièces, et faites trembler la terre rebelle en l'honneur des vainqueurs de Varsovie!.. Que le tonnerre de vos canons porte l'épouvante aux âmes perfides, et la nouvelle de notre triomphe aux oreilles de notre grand empereur!..

Quinze embrâsures vomirent à la fois, et des vociférations sauvages, prolongèrent la note de ce terrible concert... Le bruit lointain des feux de peloton se perdait dans l'espace, mais les lignes de bataille brodées sur l'horizon, se dessinaient encore nettement. Boleslas attachait un regard désespéré sur un petit zigzag biffurqué qui semblait jaillir en gerbes bleuâtres d'un four embrâsé. C'étaient les débris de la malheureuse division qui, s'étant fait jour à travers le pont, les colonnes et la mitraille, cherchait à se rallier dans les plaines immenses de Chodcza. Le zigzag se fit étoile, puis éclair, puis carré, puis parallélogramme, puis cône infini. Un nuage passa dessus et le parsema de paillettes qui, rayonnant en tout sens, rendirent un faible ronflement..... Des miettes brunes s'en détachèrent, puis le rejoignirent, puis s'en détachèrent encore. Tout autour brillait une frange écarlate que les noires masses de l'ennemi s'efforçaient en vain d'effacer. Un baldaquin de fumée roulait ses nappes blanches sur cet immense boa dont le ruban de la Vistule singeait les détours, et épiait les pas; mais la tache diminuait, se ramassait, pâlissait sans cesse... Ses contours enlevés un à un se confondirent avec les colonnes Russes... La tache se changea en flocon, le flocon en ombre, l'ombre en brouillard, le brouillard en point... Puis le point trembla et sombra dans l'horizon... Sur le tapis désert, il ne resta que l'onde argentée du fleuve, les plis veloutés des montagnes, et des bataillons muets de sapins qui, les bras tendus vers les pôles, montraient les limites de l'empire des Czars et planaient comme des croix mortuaires sur ce cimetière géant.

Le sergent laissa tomber son front brûlant dans ses mains, puis le releva pour envelopper la vallée d'un regard douloureux. Le dernier feu de sa prunelle tomba sur l'impitoyable bastion où l'enchaînait son sort. Alors seulement, il s'aperçut de sa misère. Les soldats Russes alignés et immobiles comme une palissade occupaient l'angle opposé de la redoute. Des sentinelles debout aux sallies jalonnaient les lignes des remparts ; les quinze prisonniers avaient disparu. Le Circassien, sombre et muet à côté de Boleslas, l'épiait comme un mauvais génie préposé à la garde d'une âme damnée. Boleslas fatigué de ce regard lourd, moite, gênant, se retourna de côté comme un malade sur sa couche ; mais l'œil du sauvage pesait toujours, pesait sans cesse, filtrant comme une lave ardente à travers les chairs du prisonnier. Le sergent troublé prit le parti d'affronter son gardien. Il se dressa sur son séant et le regarda en face avec cette expression de dédain affecté que s'impose la peur pour se donner une contenance.

— Pourquoi me toises-tu ainsi, Calmouk... Crois-tu ma ceinture remplie d'or, ou bien es-tu las de me garder?..

— C'est dommage, murmura à part le caporal, car c'est un cœur de montagnard dans les flancs d'un archange... Il y a là de quoi incendier un empire et en construire un autre...

Et une énorme étoile bleuâtre éclata au front cuivré et nu du vieillard, comme une étincelle de foudre à la cime d'un conducteur électrique. Des fleurons de saphir et de diamant jaillirent de son schako; la lourde crosse de son fusil s'arrondit en boule de sceptre, et la croix de ses buffléteries rayonna sur sa vaste poitrine comme un soleil. Il y avait alors en lui du démon et du roi, du rebelle et de l'esclave. Un rire amer sillonna sa figure, et un blasphème s'échappa de son sein; mais l'âme étrangère s'envola avec ce terrible soupir, et lorsque les yeux de Boleslas, d'abord abattus par la majesté de l'idole, se furent timidement relevés, ils retrouvèrent le Circassien dans son obscure et brutale enveloppe de soudard.

Boleslas se hasarda à lui demander pourquoi il avait soupiré. Le soupçonneux caporal jeta autour de lui un regard inquiet, fit une grimace, chargea sa pipe, cracha, se rapprocha du jeune sergent, mais ne répondit point.

— Bah! c'est une brute qui fume et bâille, mais qui ne soupire pas, pensa en lui-même Boleslas; changeons de front d'attaque.....
— Le tabac que vous fumez là, mon ami, doit vous étrangler, rien que son odeur me donne des nausées. Si vous vouliez essayer du mien... Et sur ce, le sergent tira de sa poche une magnifique blague de velours bleu, brodée en argent, et la présenta au caporal. Celui-ci fit un geste de surprise et s'empara de la blague avec l'avidité d'un bédouin, et la joie d'un enfant. De grosses larmes étincelèrent dans ses orbites sanglans comme les reflets de l'aurore dans des cavernes de bandits. Les angles sinistres de son profil mogol s'effafacèrent de nouveau dans une auréole de lumière qui lui rendant sa magie passagère, remplit l'âme du jeune homme de respect et d'attendrissement. — Oh! mon père, s'écria Boleslas, ne me cachez plus vos pensées!.... Vous n'êtes point un simple sbire; sous vos buffléteries de caporal bat un cœur de héros, et la grandeur méconnue de votre être se trahit dans ce re-

gard tantôt épouvantable comme celui de Magog, tantôt sublime comme un rayon du ciel, tantôt nâvrant comme une plainte de fille ; quel souvenir a pu réveiller en vous ce morceau de velours?... Croyez-vous à l'influence des couleurs...

— Mon cher enfant, murmura en sanglotant le grenadier, qui a brodé cette blague ?

— Une divine coquette qui m'a fait bien du mal.

— Son nom?

— Lequel? car elle en portait un autre tous les jours...

— Enfant, vous parlez en homme piqué ou en ingrat ; quel est celui qu'elle portait le jour où elle vous remit ce gage de tendresse?..

— Le même, je crois, qu'elle se donnera demain soir avec le jeune officier qui vient de partir pour Varsovie.. quelque chose en phie, en lie, ou en nie.. Que vous importe au reste, mon vieil ami..... son cœur ne vaut pas le vôtre assurément, quoiqu'elle ait l'œil noir comme vous et quelque chose de votre majesté.

— Dites-moi, au moins, où vous l'avez connue.

— A Varsovie même, au fameux café de Hanusia, où mademoiselle servait avec assez de grâce les officiers du quatrième de ligne, avec beaucoup de grâce les cuirassiers de Knoryng, avec infiniment de grâce les gardes Volhyniens.

Le vieillard cessa ses questions; tiraillé qu'il parut par des doutes pleins d'angoisses. Puis il attacha sur son prisonnier un regard de pitié céleste et de protection infinie, un regard de roi qui pardonne et de père qui adopte. Il ouvrit la bouche pour parler, puis il secoua la tête avec une sorte de résignation oublieuse. Boleslas ne comprit rien; une gênante timidité s'empara de lui, et il rougit en se rappelant avec quelle légèreté il avait voué son enthousiasme et sa confiance à un vieux caporal, avec quelle maladresse il lui avait livré les deux ridicules de son cœur, sa candeur et sa jalousie...

— Jeune homme, dit le Circassien après quelques minutes de réflexion, la nuit approche et va bientôt envelopper la vallée dans l'obscurité. Vous avez douze heures pour rejoindre les vôtres ; si vous vous sentez le desir d'échapper à l'esclavage... fuyez...

Le captif toisa le vieillard avec surprise et défiance...

— Pourquoi me regardez-vous ainsi, balbutia le pauvre caporal moitié blessé, moitié chagrin ; qu'y a-t-il d'extraordinaire dans mon offre?... Vous êtes jeune, riche de courage et d'espérances ; vous ferez un bon soldat, un bon poète, un bon prêtre, que sais-je, moi?.. vous ne feriez au contraire qu'un mauvais prisonnier... car voyez-vous, mon enfant, le cuivre de l'Ural est dur à travailler, la glace de la Lena, dure à fendre, le cœur de l'empereur dur à fléchir... La Sibérie est une triste patrie, un triste tombeau même... Il n'y a point d'héroïsme, point de constance, point d'obstination à l'épreuve de ses supplices. La vie y est une silencieuse et morne agonie. Les plaintes n'y ont point d'écho, les larmes gèlent dans l'air avant d'arroser la neige; les soupirs y enveloppent le désespoir dans un suaire éternel de brouillard; point d'eau pour se noyer, point de feu pour se brûler, point de fer pour se poignarder. On vous emboîtera les jambes dans un soliveau à deux trous, mon pauvre enfant, et on vous dira que le monde est vaste et que l'empire des Russes est un bel empire... On vous dira d'y chercher votre nourriture...

Le vieillard releva son pantalon, et Boleslas aperçut à travers les lambeaux de ses chaussettes, des anneaux bleuacés et saignans comme rivés pour l'éternité aux jambes du malheureux.

— Si vous préférez les souterrains au désert, mon enfant, on vous logera aux frais de l'empereur dans les casemates d'Orenbourg ou dans les mines de Nertschinsk. On vous accouplera avec une brouette en vous la clouant aux hanches. Ce sera votre unique compagne, votre unique richesse... votre unique amour... Oh! ne souriez pas, monsieur... J'ai connu un misérable qui est mort de fureur et de chagrin, quand il fallut changer sa brouette qui tombait en débris... Il y avait sculpté avec ses dents une bouche et des yeux qu'il baisait en pleurant, et auxquels il adressait des prières et des cantiques... Il répondait à chaque grincement de la roue, il interrogeait avec une sollicitude inquiète, la vétusté des planches ; il se couchait dessus au risque de se briser les os afin de cacher les infirmités de sa vieille amie aux autres prisonniers ; vers la fin il se faisait assommer de coups de knout plutôt que d'achever sa ruine en l'employant aux usages auxquels elle était destinée. Quand on lui en eut arraché le dernier vestige, le malheureux se rua le front contre une saillie de houille, et tomba à côté de la brouette neuve qu'on voulait substituer à son ancienne *épouse* comme il l'appelait... Remarquez, monsieur, que c'était un caractère de marbre ; un héros de résignation; il y avait vingt-cinq ans qu'il brouettait dans les mines sans jamais avoir poussé un soupir ou proféré un blasphème... Vous voyez qu'il y a encore des affections possibles dans les mines de Sa Majesté ; jeune homme ! voulez-vous essayer de la brouette ?

Boleslas était pâle comme la lune qui, de son crâne de nacre, perçait déjà les nuages du soir... Il voulut adresser des remercîmens au vieillard, mais ne trouva point de paroles convenables... Il se leva, fit quelques pas indécis, et s'arrêta en face du Circassien sans oser lever les yeux... Le Circassien le prit par le bras, le conduisit par un pas-de-souris vers les descentes des fossés, évita la sentinelle, et tous les deux se trouvèrent dans la place d'armes qui donnait sur le pont. Là, le Circassien défit sa capotte de burre fauve, et la présenta au jeune homme qui l'endossa machinalement par-dessus son uniforme polonais.

— Maintenant, dit brièvement le vieillard, en rompant un long silence, tu vas traverser le pont et te glisser dans les oseraies de la rive gauche; s'il prend au poste de la tête-de-pont envie de t'interroger, tu montreras ceci : (le vieillard lui remit une des bèches de sapeurs qui se trouvaient fichées dans le talus du parapet). Ceci veut dire que tu vas chercher du gazon de revêtement. Le mot d'ordre est... Ici seulement le vieillard hésita; de larges gouttes de sueur étincelaient dans les rides de son front... les fatales paroles tordaient sa bouche sans pouvoir en sortir... Boleslas frémissait d'impatience. Un bruit léger se fit entendre dans les fossés déserts... — *Varsovie,*

Fidélité, dit à demi-voix le Circassien.. puis il ajouta : Sosthénie vous aime toujours, mon enfant..... ne doutez point de son cœur, si vous désirez sincèrement l'élever jusqu'à vous...

Le sergent bondit par-dessus la fraise, et s'élança vers le pont, sans même donner un regard d'adieu à son libérateur... La liberté est si enivrante à dix-sept ans ! la reconnaissance est bien pâle à côté...

Quand, cependant, il eut fait une dizaine de pas déjà, dans les roseaux de la rive gauche, une sorte de remords lui fit tourner la tête; mais le vieillard avait disparu dans les plis du chemin couvert... L'étourdi se crut absout, et gagna la plaine en glissant inaperçu derrière les éboulemens de la rive, et en tournant les chevaux-de-frise qui liaient les ouvrages de la tête-de-pont à la Vistule.

FIN DU PREMIER VOLUME.

TABLE

DES CHAPITRES

DU PREMIER VOLUME.

                                                               Pages.

CHAPITRE I. La Tache de Caïn.   5
   —— II. 35
   —— III. 77
   —— IV. 121
   —— V. 171

	Pages.
Chapitre VI.	203
—— VII.	233
—— VIII.	275
—— IX.	307
—— X.	337
—— XI.	365

FIN DE LA TABLE.

La Ferté-s.-Jouarre. Imp. Guédon.

En Vente :

CONFESSION GÉNÉRALE, par Frédéric Soulié, 4 v. in-8. 32 fr.
THEATRE COMPLET de Frédéric Soulié, tome 1er, in-8. 7 fr. 50
LE MAITRE D'ECOLE, par Frédéric Soulié, 2 vol. in-8.. 16 fr.
DIANE ET LOUISE, par Frédéric Soulié, 2 vol. in-8...... 16 fr.
DEUX SEJOURS, par Frédéric Soulié, 2 vol. in-8............ 15 fr.
L'HOMME DE LETTRES, par *le même*, 3 vol. in-8..... 22 f. 50 c.

ŒUVRES D'ALPHONSE BROT.

La Nuit terrible, 2 vol. in-8.. 15 fr. | Un Nouveau Roman, 2 vol. in-8. » fr.
Soirées aux Aventures 2 v. in-8. 15 fr. | Secrets de Famille, 2 v. in-8. *s. p.* » fr.
Folles Amours, 2 vol. in-8... 15 fr. | Chute des Feuilles, 2 vol. in-8. 15 fr.
La Comtesse aux trois galans, 2 v. 15 fr. | Priez pour Elles, 3 vol. in-12.. 9 fr.
Seule au monde, 2 vol. in-8.. 15 fr. | La Tour de Londres, 2 v. in-8. 15 fr.
Carl Sand, 2 vol in-8...... 15 fr. | Entre onze heures et minuit, 2 v. 15 fr.
Jane Grey, 4 vol. in-12...... 12 fr. | Ainsi soit-il, *épuisé*, in-8.. 7 fr. 50

ŒUVRES DE JULES LECOMTE.

Romans Maritimes. | **Romans de Mœurs.**
Le Capitaine Sabord, 2 vol. in-8. 15 fr. | Faustina, *sous presse*...... » fr.
L'Ile de la Tortue, 2 vol. in 8. 15 fr. | Les Folies Parisiennes, 2 vol. in-8. 15 fr.
Bras-de-Fer, 2 vol. in-8... 15 fr. | Une Jeunesse Orageuse, 2 v. in-8. 15 fr.
L'Abordage, 2 vol... *épuisé.* 15 fr. | Les Smogglers, 2 vol. in-8... 15 fr.

Sous Presse.

VERGNIAUX, par Jules Pautet..................... 2 vol. in-8.
LES INVRAISEMBLANCES, par Antony Rénal..... 2 vol. in-8.
DEUX COURTISANES, par Paul de Saint-Germain.. 2 vol. in-8.
MEMOIRES DE ROBERT-MACAIRE, par....... 2 vol. in-8.

Pour paraître prochainement.
UN NOUVEAU ROMAN,
PAR LÉON GOZLAN.

Par H. DE BALZAC :
Le Curé de Village.

SOEUR MARIE-DES-ANGES.

En Vente :

DOM GIGADAS (*inédit*), 2 vol. in-8......... 15 fr.
JANE LA PALE, 2 vol. in-8........... 15 fr.
LA DERNIERE FÉE, 2 vol. in-8........ 15 fr.
LE VICAIRE DES ARDENNES, 2 vol. in-8. 15 fr.
ARGOW LE PIRATE, 2 vol. in-8..... 15 fr.
LE SORCIER, 2 vol. in-8.......... 15 fr.
L'EXCOMMUNIÉ, 2 vol. in-8......... 15 fr.
UN GRAND HOMME DE PROVINCE A PARIS, 2 v. in-8. 15 f.
BEATRIX, par H. de Balzac, 2 vol. in-8............ } 4 vol.. 30 fr.
L'ISRAELITE, par H. de Saint-Aubin, 2 vol............
CONTES DROLATIQUES, par H. de Balzac, 3 v. in-8. 22 f. 50 c.
N. B. — *Le tome troisième se vend séparément.* — 12 fr.

SCEAUX. — IMPR. DE E. DÉPÉE.

www.ingramcontent.com/pod-product-compliance
Lightning Source LLC
Chambersburg PA
CBHW052119230426
43671CB00009B/1050